定价逻辑

〔德〕赫尔曼·西蒙　杨一安◎著

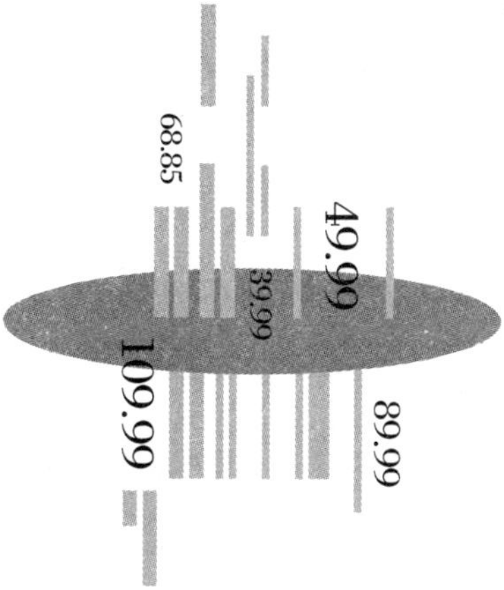

SPM 南方传媒 | 广东人民出版社
·广州·

图书在版编目（CIP）数据

定价逻辑 /（德）赫尔曼·西蒙，杨一安著．—广州：广东人民出版社，2023.8

ISBN 978-7-218-16540-0

Ⅰ.①定… Ⅱ.①赫… ②杨… Ⅲ.①定价—研究 Ⅳ.①F714.1

中国国家版本馆 CIP 数据核字（2023）第 073414 号

DINGJIA LUOJI

定价逻辑

［德］赫尔曼·西蒙　杨一安　著

出 版 人： 肖风华

责任编辑： 李力夫
责任技编： 吴彦斌　周星奎
装帧设计： 东村老刘

出版发行： 广东人民出版社
地　　址： 广东省广州市越秀区大沙头四马路 10 号（邮政编码：510199）
电　　话：（020）85716809（总编室）
传　　真：（020）83289585
网　　址： http://www.gdpph.com
印　　刷： 三河市中晟雅豪印务有限公司
开　　本： 880mm×1230mm　1/32
印　　张： 9　**字　　数：** 133 千
版　　次： 2023 年 8 月第 1 版
印　　次： 2023 年 8 月第 1 次印刷
定　　价： 58.00 元

售书热线：（020）87716172

中文版序言

通货膨胀时价格迅速上扬，使得消费者的实际购买力大打折扣。一般消费者对通货膨胀都深恶痛绝，却又无可奈何。有些读者对几年前的“向钱葱”“姜你军”“蒜你狠”可能还记忆犹新。类似这样副食品的价格波动，大多由短期的供需不平衡导致，在供给恢复正常后，价格一般会回落到正常水平。而长期的通货膨胀率趋势是影响经济和民生发展的重要因素，是全世界几乎所有政府或央行货币政策关注的核心经济指标。

通货膨胀会使得价格的一项重要功能失灵，即反映商品稀缺程度的能力。通货膨胀期间，消费者对价格的认知会变得扭曲而混乱，难以判断是否应该囤积商品；对于投资者而言，通货膨胀使得他们很难判断资产价格反映的是真实的稀缺性还是货币的贬值效应。掠夺性游资对特定资产的投机行为会导致资产价格与基本面脱节，在短时间内大爆炸；而对于企业经营者来说，通货膨胀通常会影响供应链稳定，并挤压利润空间，在经济下行的情况下通货膨胀对企业的打击往往是致命的。

过去的近半个世纪见证了高速的全球化，“地球村”在扁平化，世界经济平稳增长。发达国家的通货膨胀率得益于世界经济一体化得以保持在一个较低的水平。然而，有种种迹象表明，全球化正在失速，一个百年未遇的大变局正在我们徐徐面前展开。

随着 2019 年新冠疫情暴发，全球范围内的经济活动受到深远影响。2022 年以来通货膨胀席卷世界各地，屡创新高，美国 8 月通胀达到 8.5%，欧盟甚至达到近 10%，给经济复苏蒙上一层阴影。如果不是可以从中国进口相对低价的产品，欧美的通货膨胀甚至会更高。

尽管目前中国通货通胀相对温和，但在世界经济的时代洪流中哪个国家也无法做到独善其身。我们希望能够通过本书为中国的企业经营者——尤其是年轻一代未曾亲历过大通胀周期的企业家——分享一些我们的观察和意见，帮助他们未雨绸缪，决胜通胀。

2022 年 11 月 8 日于德国莱茵河畔英格海姆

目录

第1章 通胀卷土重来

Pricing Logic

2022年通货膨胀又回来了。

在经历了一个长达十余年的价格稳定周期后，世界上多个国家正在经历20世纪70年代以来最高的价格涨幅。有迹象表明，我们正在进入一个高通货膨胀的周期。这对于很多企业经营者来说是一项全新的挑战。毕竟，上一波如此大规模的通货膨胀还是在40多年前。

温和的价格增长有助于刺激经济发展，世界各国央行通常将货币政策的目标定在将每年物价涨幅控制在2%左右。在过去几十年间，世界上大多数国家的价格都在上涨。以德国为例，图1-1显示了德国从1991年到2021年的消费价格走势。在这30年间，消费者价格指数从100上升到166.6，年复合增长率为1.72%，略低于央行2%的目标通胀率。

通货膨胀率即便再低，时间对货币价值的侵蚀依然十分可观。图1-1中下方的曲线显示的是欧元（1999年前为德国马克）的实际价值指数，与消费者价格指数互为倒数关系。在过去30年间，欧元的实际购买力下降了40%。换言之，企业也好，个人也好，只有收入增长跑赢通胀，才能保证财富不缩水。

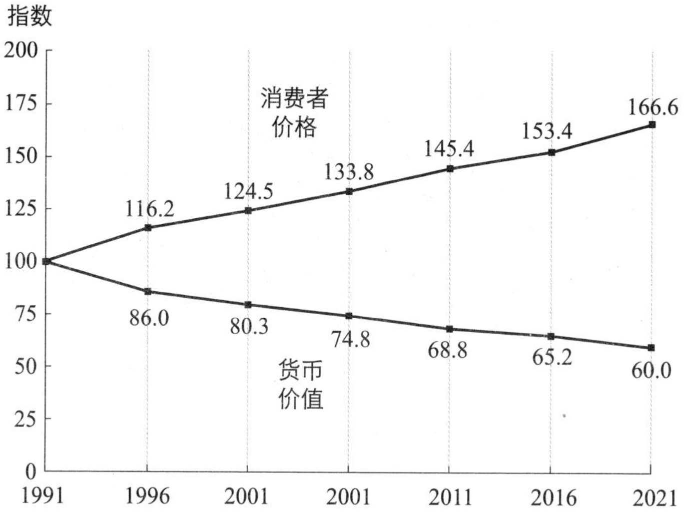

图 1-1 德国 1991—2022 年消费价格及货币价值趋势

让我们再来看看世界最大的经济体美国同期的通货膨胀情况。从图 1-2 可见美国的长期通货膨胀现象比德国更加明显，在 30 年间消费者价格指数上涨了 99%，年复合增长率为 1.72%，略低于央行 2% 的目标通胀率。同时，美元的实际购买力下降了一半。

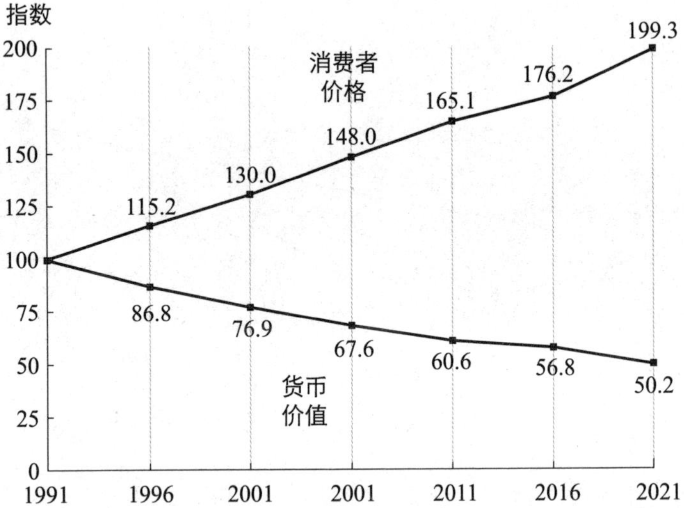

图1-2 美国1991—2021年消费者价格及货币价值趋势

日本是发达国家中的一个例外。日本消费者价格相比1971年仅上涨了160%。自20世纪90年代中期以来，日本消费者价格实际上呈下降趋势。2022年2月，美国通胀率已经升至8.5%，而日本通胀率仅为0.2%。通货紧缩或极低的通货膨胀伴随日本经济的长期停滞，是一个让历届日本政府头疼的问题。

在经济平稳发展时期，新兴经济体的通货膨胀率往往会高于发达国家。2009年到2019年这十年来在次贷危机和新冠疫情之间，正是这样一个经济平稳发展时期。在这一期间中国的消费价格指数上升了 26%；同期德国的消费价格指数仅上升了 13%，正好是中国的一半。虽然物价水平上升如此之多，但这十年对于大多数中国人民来说仍是美好时代。这是为什么呢？因为在这十年间中国人的平均工资提升了 152%。尽管通货膨胀看似惊人，但是人民的实际消费能力和生活质量都得到了提升。顺便提一句，在这期间德国人的平均工资提升了 14%，勉强跑赢通胀。[1]

货币价值 vs 商品价值

首先让我们来解释一个概念性问题：通货膨胀究竟是什么？

在一般大众的认知中，通货膨胀意味着商品变得更加昂贵。但事实上并非商品变贵了，而是你手里的钱变得不值钱了——货币失去了它最重要的功能之一，即储存价值的功能。[2]

货币可以分为商品货币（Commodity Money）和法定货币（Fiat Money）。前者指有实物支持的货币，比如黄金和白银等贵金属，在政府的保证之外货币本身也具备其内在价值；后者是政府发行的货币。发行者没有将货币兑现为实物的义务，只依靠政府的法令使其成为合法通货的货币。法定货币的价值基于政府信用，本身不具备内在价值，中央银行理论上可以通过“印钱”任意增加货币流通的数量。现代社会的通货膨胀的根源就在于央行印了过多的钱，而市场上的商品供给却没有同步跟上。

这种情况在商品货币盛行的时代是不可能发生的——除非挖到了新矿，黄金或者白银等贵金属的数量不会凭空增加。贵金属交易专家 Uwe Bergold 举了一个例子来说明黄金历经时间考验的储值功能：“1 盎司黄金不管是 2000 多年前还是现在都可以买到 300 条面包。”[3]

在 2000 多年前的罗马定制一件束腰外衣大约需要支付 1 盎司黄金，这与你今天在伦敦购买一套定制的西服的价格相差无几。[4]

时间似乎更青睐贵金属，商品货币的价值经久不衰，在现代社会中是典型的抗通胀资产。而另一方面，法定货币却无法对通货膨胀免疫。了解通货膨胀与货币价值之间的关系对于企业的财务和现金管理至关重要。关于这个话题，我们将在第 13 章中再展开讨论。

通胀进行时

通货膨胀在 2021 年下半年重新抬头，并在 2022 年持续攀升。世界两大经济体欧元区和美国的通胀率在 2022 年第三季度已经逼近 10%，达到近四十年的最高位。而土耳其的消费者价格指数在 8 月已经达到了夸张的 80%。为了抑制货币贬值和通货膨胀，截至 2022 年 9 月阿根廷央行已连续加息 9 次，将基准利率拉升到 75%。如果你去银行存 100 块，一年利息就有 750 元，即使如此依然跑不过通胀——阿根廷的通胀率同样也已经逼近 80%。

按照目前的趋势，通胀似乎将持续并进一步蔓延。我们不能排除再次出现 20 世纪 70 年代滞胀现象（经济停滞，但失业及通货膨胀同时持续增加的经济现象）的可能性。1973 年和 1978 年的石油危机是上一次全球性通货膨胀的罪魁祸首。我们正在面对的通货膨胀有以下几个主要原因：

· 2008—2010 年的全球金融危机余震

· 新冠疫情和随之而来的央行货币供应扩张

· 多边贸易争端，尤其是中美贸易摩擦

· 乌克兰危机等地缘冲突和战争

· 原材料和大宗商品供应稀缺

以上所有这些因素都会影响能源、原材料、食品的价格，并以连锁反应的方式影响诸多其他下游行业产品和服务的价格。

一切才开始

当通货膨胀来临时，人们最关心的一个问题是：通货膨胀是暂时的，还是持续的?

当 2021 年第一次出现价格上涨的迹象时，世界各地的央行行长及许多宏观经济学家都认为这次通货膨胀是新冠疫情、全球供应链受阻等引起的暂时现象，通胀压力在不久后就很可能会随着上述这些因素缓解而下降。

然而，事与愿违。自 2022 年春季以来，我们听到越来越多的专家意见认为此次通胀或许会持续更长时间。例如，国际清算银行（Bank for International Settlements）总干事奥古斯丁·卡斯滕斯（Agustin Carstens）表示："我们正处于新通胀时代的风口浪尖。高通胀背后的推动力可能会持续一段时间。"[5]

德意志银行（Deutsche Bank）首席投资官克里斯蒂安·诺尔廷（Christian Nolting）采用了一个非常形象的比喻："（通货膨胀像……）房间里的犀牛已经被释放了出来，一时很难阻止它。"[6]

也有一些经济学家成功预测了通货膨胀的回归，并建议从宏观经济角度更深入地应对通货膨胀问题。[7] 2022年春季，经济学家Hans-Werner Sinn证实了他的预测："通货膨胀已经到来——而且还会持续下去。"[8]他给出的理由是：德国的生产者价格（可以简单地理解为工厂出厂价）上涨了25.9%，价格上升传导到价值链下游的最终消费者只是一个时间问题。谷物价格指数同比上涨33%，土豆价格上涨88%，牛奶价格上涨30%。[9]与此同时，工会也已经开始行动。德国最大的工会组织之一金属工业联合会（IG Metall）要求雇主将工会成员工资提高8.2%。[10]

一个难以令人忽视的事实是：央行管理者们因为担心加息带来的负面效应，对收紧货币政策会采取非常谨慎的态度。各国政府为刺激经济逐年超额的超额货币供应量在短期内不会迅速减少。这也是我们相信这一轮通货膨胀将会持续较长一段时间的一个主要原因。

通货膨胀的红色警示灯已然亮起。所有企业经营者和定价相关负责人都必须提高警惕——面对持续的高通胀环境，你有可能犯下灾难性的错误，但也有机会通过快速行动做正确的事，将对企业的伤害控制在最低程度，甚至变害为利。企业经营者的选择绝非仅限于简单粗暴地将成本上升转嫁给消费者，或者通过压缩成本渡过难关。

在本书中，我们将全面系统地介绍通货膨胀的应对措施。为了做出正确的决定，企业经营者不仅需要对成本、价格和通货膨胀之间的关系有着通透的了解，也需要在策略设计和实施方面具备大智慧。

通胀指数背后

理论上，所有行业都会受通货膨胀影响。消费者价格指数（CPI）是最常见的衡量通货膨胀程度的一个指标，它反映了多个有代表性的影响民生的行业的平均价格水平，是一个平均值。平均值对于企业经营者来说缺少指导意义。换言之，他们无法依据一个跨行业的平均值来进行决策。事实上，不同市场、不同行业的通货膨胀可能存在显著差距。

2022 年 1 月 21 日在德国购买 3,000 升家用取暖油的价格是 0.87 欧元。2022 年 3 月 9 日，取暖油价格一度飙升到 2 欧元以上。2022 年 6 月 1 日波恩公用事业公司将家庭供暖的价格提高了 74% ~ 80%。[11] 不仅仅是德国，整个欧洲都面临能源短缺。面对不断高涨的供暖价格，欧洲人不得不尝试用新的方式过冬。

《财经》一条“欧洲人买爆中国电热毯”的消息让彩虹集团（003023.SH）走出了四天三涨停的行情。这虽有博人眼球之嫌，但事实上不少德国公立学校的确在 2022 年冬季来临之前通知家长为孩子准备好冬衣，学校室内供暖很可能无法保障。

除了能源价格疯涨以外，与百姓日常息息相关的副食品价格也在短时间内大幅攀升。图 1-3 展示了德国部分主要食品价格 2022 年 3 月的同比涨幅。[12]

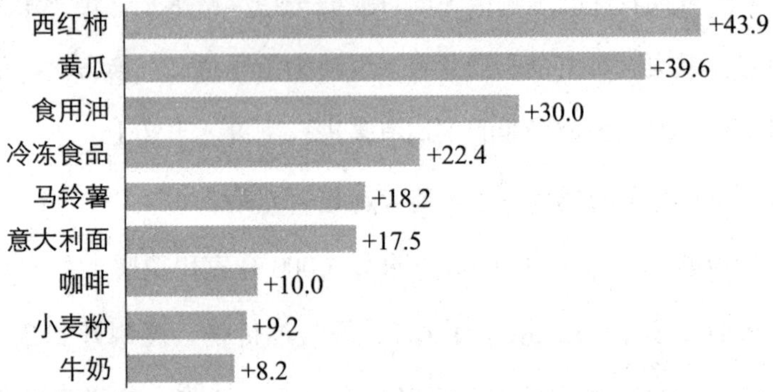

图 1-3 德国部分食品 2022 年 3 月同比上涨幅度

如同大部分发达国家一样，德国民众的工资水平相对稳定。普通人每年的工资增幅很有限，仅有 5% 甚至更低。以上列举的这些食品都是一般德国家庭的主要食物。面对如此大的价格涨幅，薪资增加又相当有限，可想而知老百姓的日子不太好过。

如图 1-4 所示，即使是像奥乐齐（Aldi）主打性价比的连锁商超也不得不迫于成本压力进行大幅价格调整。[13]

	2022年1月	2022年3月	价格增幅（%）
气泡矿泉水(1.5升)	0.19	0.25	+31.6
咖啡软包(144克)	1.69	2.19	+29.6
黄瓜(条)	0.69	0.89	+29.0
纯菜籽油(1升)	1.39	1.79	+28.8
椒盐蝴蝶饼干(250g)	0.49	0.59	+20.4
人造黄油(500克)	0.99	1.19	+20.2
小麦卷饼(372克)	0.99	1.19	+20.2
纯葵花籽油(1升)	149	1.79	+20.1
全谷物吐司面包(500克)	0.79	0.89	+12.7
香蕉(1公斤)	0.89	0.99	+11.2
冷冻匹萨	1.99	2.19	+10.1
肉馅(500克)	2.99	3.29	+10.0

图 1-4 奥乐齐（Aldi）部分自有品牌产品 2022 年和 2021 年价格比较

即便是同一产品品类，不同产品在通货膨胀周期中的价格变化也不尽相同。2022 年 4 月特斯拉将 Model 3 在德国市场的标价从 42,990 欧元提高到 49,990 欧元[14]，相当于 16.3% 的增幅。同期，德国政府对购置新能源汽车的环保补贴也调低了 1500 欧元。两者相加，特斯拉 Model 3 的实际购买价格从 33,990 欧元上升到 42,490 欧元，前后相差 25%。雷诺汽车旗下的低端品牌达契亚（Dacia）推出的Spring电动汽车标价仅为20,940欧元。在扣除环保补贴后，买家实际仅支付11,000欧元，大概是特斯拉Model 3实际售价的四分之一。

达契亚在恶劣的通货膨胀大环境下凭借如此实惠的价格俘获了大批对价格敏感的粉丝，需求火爆，以至达契亚不得已在2022年春季暂时停止接受新订单。[15] 诚然，在一般情况下，达契亚和特斯拉不会存在直面竞争，但在通货膨胀的大环境下高端产品的价格上涨很可能会导致消费者转向更便宜的产品。

我们可以从上述几个例子中推导出几个关键结论。首先，和民生高度相关的产品价格大幅上涨，如能源、食品，会给一般消费者的生活带来严峻挑战，影响他们的购买力，压缩非必要支出的预算。其次，消费者价格指数对于企业经营者在决策时的参考意义很有限。因为消费者价格指数仅仅是一个平均值，实际情况中各个行业的通货膨胀可能情况迥异，决定通胀的因素也各不相同。

作为企业经营者来说，他们必须要深刻了解影响客户价格的关键因素和趋势，并根据自己企业的市场竞争力做出正确的价格决策。

本章小结

在经历了数十年的相对稳定的价格周期后，通货膨胀又卷土重来。本章要点如下。

- 从长远来看，即便低通胀率也会严重影响货币实际购买能力。
- 自 1991 年以来，德国货币贬值 40%；美国货币贬值 50%。
- 各国央行普遍倾向忍受 2% 左右的低通胀率以保证合理的经济增长。
- 处于高速经济发展中的新兴市场国家因为工资大幅增长可以承受更高的通货膨胀率。
- 自 2021 年下半年以来，通货膨胀在全世界范围内急剧上升，触达 20 世纪 70 年代以来最高水平。
- 鉴于百年未遇之大变局带来政治经济的高度不确定性，本次通胀周期预计将持续更长时间。
- 企业经营者应当谨慎审视自身的行业和市场环境，采取相应的措施。

第2章 通胀的赢家和输家

Pricing Logic

谁会受通货膨胀影响？危巢之下，焉有完卵。不管是消费者、企业还是政府都或多或少会受到通货膨胀影响，但受影响的程度存在显著差异。

低收入人群基本生活用品占日常支出比重较高，通货膨胀会给他们造成很大伤害；而对富人们来说，物价上涨对他们生活质量的影响很有限；债务人在通货膨胀中受益，因为他们的债务的实际价值降低了，也就是说他们实际要还的钱减少了；硬币的另一面是债权人在通货膨胀中受损。

具备竞争优势（定价权明显）的企业通过将增加的成本转嫁给客户，可以在通货膨胀周期中毫发无伤；而同质化（定价权趋弱）的企业则不得不自己消化大部分的成本增加，甚至陷入经营亏损。

企业经营者

企业经营者是如何应对通货膨胀的？他们采取了什么样的措施？西蒙顾和管理咨询公司在2022年就此话题对367家德国公司进行了调研，其中工业品企业占71%，消费品企业占

29%。如表 2-1 所示，这两个部门的结果不同。[16]

表 2-1 德国企业对通货膨胀的应对措施

采取的应对措施（多选）	工业品企业 n=263	消费品企业 n=104
在通胀开始前已经涨过价	46%	59%
提高价格将成本增加转嫁给客户	41%	38%
通过提升效率消减成本增加影响	17%	28%
实施差异化的客户价格调整	66%	51%
即使亏损严重也不调整价格	27%	36%
计划在一年内实施多轮涨价	24%	25%
销售合同中包含相应的价格调整条款	20%	不适用

一般而言，企业针对通货膨胀的应对措施可以分为两大类：一是提高效率，二是提升价格。提高效率往往与降低成本联系在一起，是经营者在企业内部寻找抵消成本上升的措施，可以涉及产品包装、设计调整、人员调整、渠道调整等各个方面。但是当大幅的通货膨胀突如其来的时候，单从内部着手寻求降本增效不足以将企业从经营困境中解脱出来。

稻盛和夫在他的经营十二条中曾提出“定价即经营”。他认为企业家的经营策略应当体现在定价策略中。愈是在通货膨胀这样的特殊时期，愈是能检验企业市场地位的成色。具备市场优势的企业享有更大的调价可能性和自主，选择有利于自己的价格调整措施，可以至少在一定程度上将上涨的成本转嫁给下游客户。

令人颇感意外的是，在受访企业中有高达 27% 的工业品企业和 36% 的消费品企业即使面临严重亏损也不会进行调价。与此同时，我们也可以看到约有四分之一的企业计划在一年内进行多轮调价。正如我们将在下面看到的，这是一个明智之举。

致命缺陷

我们面对的这次通货膨胀周期给企业和企业经营者带来了前所未有的巨大挑战。事实上，通货膨胀不仅影响面向市场的职能部门，如销售和营销部门，也同样影响财务、审计、生产、采购、综合管理等诸多职能部门。

不幸的是，这一代的职业经理人大多没有亲身经历过高通胀率周期，缺少相关的应对经验。美国管理顾问拉姆·查兰（Ram Charan）对此持悲观态度："这两代经理人几乎完全没有在通货膨胀的情形下经营企业的经验。"他接着补充道："通货膨胀会侵蚀现金，吞噬利润，并在收入膨胀时给经营者带来虚假的安全感。受极端的通货膨胀影响，一家企业的经营情况有可能急速恶化，导致企业被收购或破产。"[17]

这么多年来，涨价对很多行业来说已经变成一件很陌生的事情。一位汽车供应商的职业经理人感慨道："三十年来，逐年降价已经成为与汽车整车厂供货合同的标准条款。不管是对于整车厂的采购，还是对于供应商的销售来说，涨价在一两年前都还是一件之前难以想象的事情。"

最近一次出现类似这样大规模、大幅度的通货膨胀周期还得追溯到四五十年前。我们通过图 2-1 对 1972—1981 年和 2012—2021 年这两个年代的对比来回顾通货膨胀率发展的历程。

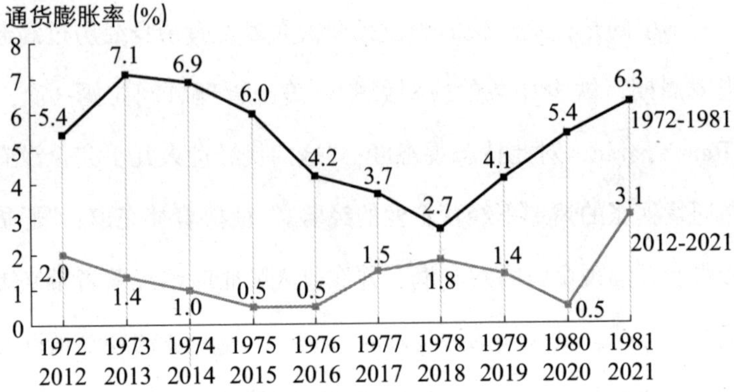

图 2-1 通货膨胀率的历史比较（1972—1981 年 vs 2012—2021 年）

从简单算术平均值来看，21 世纪 10 年代的通货膨胀率为 1.4%，而 20 世纪 70 年代的通货膨胀率则高达 5.2%，差距有近乎 4 倍之大。由此可见，今非昔比，当下的经营环境与四十年前截然不同。四十年前曾亲身经历高通货膨胀的那一代企业经营者早已退出历史舞台或者已经辞世。如今这一代的企业经营者中有亲身经历过通胀浪潮洗礼的人凤毛麟角。即便他们中的好学者可以通过深入阅读彼时的文献学习了解价格传递、幻影利润等与通货膨胀相关的话题，但这也无法完全取代亲身经验。[18]

同时，彼时通货膨胀的经验对今日有多少指导意义还得画上一个大大的问号。20 世纪 70 年代两次通货膨胀浪潮的罪魁祸首分别是 1973 年和 1978 年爆发的石油价格冲击及其诱发的一系列成本上升螺旋效应。

2022 年春季德国金属工业工会（IG Metall）要求雇主将工会成员工资提高 8.2%，预示着通胀预期、工资和价格这三个因素正在互相推动，加速了通货膨胀在上行通道中的攀升。正如之前提及的，本次通货膨胀背后有着一系列复杂的时空交错的诱因。

在过往的 50 年间这个世界也发生了翻天覆地的变化——全球化的起起伏伏，以欧盟、上合组织等为代表的区域间经济一体化和协同，数字化给商业和日常生活带来的诸多变革，等等。

以上这些因素增加了通货膨胀给我们带来的不确定性，但也同时孕育了机会。我们将在下文中再作深入展开。

消费者

如第一章中提到的如此大幅的价格增长对于一般消费者来说是难以承受的，对于那些低收入人群来说更是如此。面对通货膨胀，一般消费者可以有哪些应对措施呢?

一种可能性是减少非必要的开支——取消外出假期的计划，减少在外就餐或者叫外卖的次数，或者推迟替换诸如电冰箱或者电视机之类的耐用消费品。另一种可能性是有意识地自主消费降级，即在同等情况下刻意选择购买更便宜的产品，例如在超市购物时选择超市的自有品牌（白牌）而不是知名的品牌产品，在加油时选择油品等级略低的汽油，在不得已需要外出就餐的时候选择连锁快餐店而不是高档餐厅。

此外，消费者还可以通过承受一些原本不会考虑的生活上的不便以降低支出，如调低冬日室内供暖的温度，尽可能地使用公共交通工具而不是自驾。在省钱的同时，这些措施不可避免地会导致消费者的生活质量下降。

不幸的是，通货膨胀率持续攀升还可能给消费者带来另外一个不利的副作用——供应短缺。斯里兰卡副食品价格上涨超过 30% 之后，当地媒体如此报道：“市面上买不到面粉，买不到牛奶。商人们都在囤货，待价而沽。”[19] 这样的投机行为将进一步推动物价的上涨。

我们在 1948 年西德推行的货币改革中也可以观察到类似现象。当时二战刚结束不久，德国境内通行的帝国马克因为通货膨胀严重事实上已经失去了货币的储值功能。人们几乎无法用帝国马克在市场上买到任何东西，路边商店橱窗里空无一物；同时黑市盛行，人们以物易物，香烟等紧俏商品取代法币成为硬通货。

1948 年 6 月 20 日美英法同盟国宣布在西德实施货币改革，以新发行的德国马克替换德意志帝国马克。次日，空置已久的商店橱窗在一夜间又摆满了货物。德国民众可以用新货币以正常价格购买商品。通货膨胀对于普通民众来说几乎是近似不可抗力的存在，个人的力量微不足道。既然无法抵抗，那消费者又该如何应对通货膨胀呢？

德国民意研究所在 2022 年进行了一项关于消费者应对通货膨胀的调研。表 2-2 显示了调研结果。[20]

表 2-2　德国消费者面对通货膨胀的应对措施

德国消费者面对通货膨胀的应对措施	百分比
购物时更关注价格	54%
调低室内暖气温度	47%
尝试更节省的生活方式	45%
减少开车出行	37%
减少外出度假	18%
未改变消费行为	17%
更频繁地使用公共交通工具	13%

需要指出的是，上述结果基于受访者的自我陈述，与他们的实际行为可能会有出入。同时，消费者对不同产品品类通胀的敏感度不同，导致他们的应对行为也会有所差异。相应地，不同产品品类的企业有着不同的调价空间。原则上来说，消费者对特定产品的依赖程度越高，就越能（忍痛）接受通货膨胀，提供这一产品的企业也就越有可能将成本上升压力转嫁给消费者。

烟草行业是一个很好的例子。众所周知，吸烟有害健康，并且会加重社会医保的负担。因此，各国政府一般都会对烟草产品征收重税，并且逐年加码。加税的初衷是希望以高价劝退烟民，但实际上这一措施收效甚微。以德国为例，在税赋逐年增加的同时，烟草公司依然可以通过减少包装内香烟支数维持相同甚至更高的利润率，烟民的数量仍然保持相对稳定。

个人理财

很多人都能对通货膨胀带来的积蓄缩水的痛苦感同身受。由于德国在过去几十年间曾两次进行货币改革，德国民众相比其他国家的人来说对这一点的感触尤其深刻。传统上，德国人的个人理财非常保守，尤其偏爱定期储蓄和固定利率证券产品，以及目前仅支付 2% 利息的人寿保险产品。尽管投资回报是如此之低，德国人仅在 2021 年一年就贡献了近 1000 亿欧元的人寿保险保单。

2022 年 9 月德国的通货膨胀率预计将突破 10% 大关[21]。在如此程度的高通货膨胀环境中，继续把钱放在投资回报为个位数的储蓄类理财产品显然不是什么明智之举。尽管如此，大多数德国人还是很少触及股票和房地产等能提供更抗通胀的理财产品。以房地产为例：德国家庭住房拥有率仅为 52.7%，不仅无法与中国的96% 相比，与其他西方发达国家——如法国（64.9%）、美国（64.2%）、英国（63.4%）[22]——也相差至少 10 个百分点。

股票方面的比较更令人意外：只有 6% 的德国家庭拥有股票！而美国家庭的这一比例为 25%，日本和荷兰则分别为 25% 和 30%。[23] 由此可见，德国民众在通货膨胀周期中会蒙受更大的打击。

不幸的是，房地产也并非完美的避风港。由于通货膨胀不断攀升已远远超过 2% 的目标水平，各欧美国家央行自 2022 年初起陆陆续续地宣布调高利率的计划。这给个人贷款带来严重的负面影响。在美国，抵押贷款利率已升至十年来的最高水平[24]，使得购房者每月的利息开支显著上升。

在加拿大，银行按揭贷款提供的固定利率只锁定三到五年。几年前在央行放水时以非常低的利率获取购房贷款的人们在固定利息到期向银行申请新贷款时会发现新的利率是之前的好几倍，给个人和家庭带来很大的财务压力。随着贷款利率上升，房地产需求也有可能因此出现萎缩，给房地产价格造成压力。当这一切真的发生时，用高杠杆购买的房地产会成为烫手的山芋。

类似加密货币之类的创新金融产品是另一个个人可以考虑的抗通胀的手段。但显然国与国之间对加密货币的态度很不一样。从图 2-2 展示的数据可见一斑。

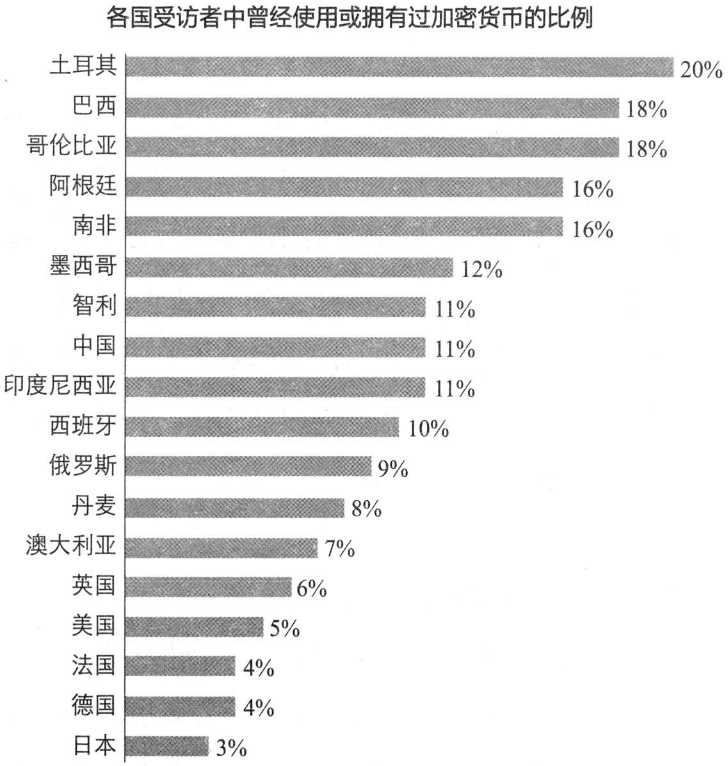

图 2-2 各国受访者中曾经使用或拥有过加密货币的比例[25]

加密货币作为金融创新产品的抗通胀作用还有待观察。某一些加密货币因为具备稀缺性及其他一些特质，理论上具备类似黄金一样的储值功能和抗通胀功能——如比特币（Bitcoin）的上限为2,100万枚，莱特币（Litecoin）的上限在8,400万到10,000万枚之间。[26]

加密货币价值的高波动性限制了加密货币在短期内的抗通胀效果。从图2-2中可以发现一件有意思的事：在土耳其和巴西等长期饱受高通货膨胀率困扰的国家中，民众使用或拥有加密货币的比例明显高于德国和日本等通货膨胀率相对较低的国家。这或许说明一般消费者已经用脚投票，坐实加密货币抗通胀的功能。当然，我们也不能够完全排除例如洗钱或避税等其他与通货膨胀无关的因素。

对就业的影响

通货膨胀不仅影响个人的消费行为和财富，还有可能影响个人收入。一些人会尝试通过开辟副业和增加额外的打工时间，来缓解通货膨胀带来的生活压力。但前提是市场上有足够多的灵活的就业机会。对于那些缺乏核心竞争力及定价权的公司来说，由于它们很难将成本增加转嫁给下游客户，企业经营将陷入困境，很可能不得不裁员而不是增加新的工作岗位。这种情形下，经济停滞（Stagnation），但失业及通货膨胀（Inflation）同时持续恶化。滞胀（Stagflation）是通货膨胀中可能出现的最糟糕的一种情况。

我们现在还无法判断此次通货膨胀周期中是否会导致全面或者局部市场的滞胀。一旦滞胀出现，不管是政府、企业还是个人都将面临更严峻的考验。

被扭曲的价格弹性

让我们先来解释一下什么是价格弹性。价格弹性是需求价格弹性（Price elasticity of demand）的简称，是指某一种产品销量发生变化的百分比与其价格变化百分比之间的比率，是衡量由于价格变动所引起销量变动的敏感度指标。因为价格和销量之间通常是此消彼长的关系，所以价格弹性通常是个负数。如果我们说一个产品的价格弹性是 -2，这意味着价格上涨

10%，销量预期会下降 20%。价格弹性从本质上反映了客户群体对产品价值的感知及对价格的敏感度，是企业经营者进行价格及产品开发决策的重要依据。

然而，价格弹性并非常数。当外部环境发生变化时，客户的购买行为也会产生变化，相应地，价格弹性也会发生变化。企业经营者需要分析通货膨胀给客户带来的影响，预判客户行为可能发生的变化，才能做出正确的决策。早先价格平稳时期关于客户行为及价格弹性的认知在当下高通货膨胀环境下很可能已经失效，企业经营者必须重新学习适应新环境。正如前文提到的，这一代企业经营者大多没有亲历高通货膨胀环境的经历，缺少可以借鉴的经验。

根据西蒙顾和管理咨询公司在全球各地几十年来的项目经历，我们发现大部分产品品类的通货膨胀率与价格弹性成正相关关系。这意味着当通货膨胀率攀升时，价格弹性也会变大，企业和一般消费者在采购时在相同情况下会更关注价格。

但是，这种正相关关系仅在一定价格涨幅的区间内适用。一旦通货膨胀失控，突破客户心理阈值后，价格弹性会不升反降。20 世纪 90 年代我们在巴西执行项目时首次观察到这种反常的现象。如今，这一幕在土耳其和一些饱受高通胀困扰的南美国家正在重新上演。当物价频繁并且大幅增长时，货币丧失储值功能，人们对产品的价值 / 价格参照体系也瓦解了。对价格上涨的预期和对物资匮乏的担忧会使得消费者愿意以任何价格购买产品，尤其是与民生息息相关的产品——如副食品、药品等。

新冠疫情暴发的初期，欧洲许多国家也出现了通货膨胀和价格弹性发生变化的情况。由于防疫物资匮乏，价格成倍增长，但在商场和药店等几乎所有地方，消毒液、卫生纸、医用口罩等商品出现一货难求的情况。产品一旦上架，就会被哄抢一空。价格显然已经丧失了调节需求的功能。为了减轻供应压力，很多零售商采取了对关键物资的限购措施，比如一家一次最多购买 2 瓶消毒液，2 卷厕纸等，但效果甚微，人们还是想尽办法囤货，超市的消毒液和厕纸货架往往只见到限购的标识却不见有货。

一家丹麦超市采取了一个别具一格的价格措施，虽然没有直接限购，却取得了更好的实质性效果。这个措施是一个价格差异化的措施：第一瓶消毒液的价格是 5 欧元，此后每一瓶的价格是 140 欧元。是的，你没看错，从第二瓶开始的消毒液价格是第一瓶的 28 倍！没有消费者指责这家超市是哄抬物价。通过这样的定价措施，卖家可以有效甄别“使用需求”和“囤货需求”。正常价格满足使用需求，囤货者需要支付高额溢价，这有效抑制了囤货行为，降低了货架断货的可能性。充足的货架降低消费者的焦虑感，进一步遏制囤货需求。[27]

从上面这则例子可以看出，企业在面对高通货膨胀时期客户行为发生变化时，应对措施绝不仅限于简单粗暴的调价和限购。如果能够退一步站在客户的角度去思考问题，会更容易接近事情的真相，找到更优的解决方案。为了达到这个目标，企业经营者需要持有开放的态度，快速的学习和适应能力。

政府与通货膨胀

如果我们算经济总账的话，政府相比企业和个人更有可能从通货膨胀中受益。这里有两个主要原因。

首先，目前世界上几乎所有主权国家都负债累累，并且得益于处于历史低位水平的长期固定利率而不至于政府破产。通货膨胀意味着政府和任何其他债务人一样，可以用贬值的货币偿还债务。还款期越长，还款期内的通货膨胀率越高，这一影响就越显著。

其次，在收入方面，政府也同样可以从通货膨胀中受益。税收收入会随着名义销售额和收入的增加而自动增加。奥地利智库 Agenda Austria 的一项研究估计，高通胀将在 2022 年和 2023 年分别为奥地利政府带来 75 亿欧元至 110 亿欧元的额外收入，收入来源主要包括增值税、工资税和所得税。[28] 大多数国家都采用累进制的所得税税率政策，这意味着通过膨胀对政府收入的正面影响还会得到进一步放大。

假设原本一名纳税人每年应税收入为 50,000 欧元，按照德国现行税务政策当缴纳 24%，即 12,000 欧元的所得税。我们再假设他的应税收入与通货膨胀率同比上升为 12%，则应税年收入将上升到 56,000 欧元，税率从 24% 上升到 25.4%，纳税人现在必须支付 14,224 欧元的所得税。在上述这个例子中，政府收入增加 18.5%，跑赢 12% 的通货膨胀率。在排除通货膨胀的影响后，政府的实际收入增加了 700 欧元。①

然而，政府在高通货膨胀环境中也并不是丝毫没有风险。随着物价的上涨，央行会面临愈来愈大的加息压力。加息意味着政府证券在进行再融资时将无法再享受极低的利率（在极端情况下政府债券甚至为负利率）。通货膨胀环境中政府不得不通过增加养老金、社会福利和失业福利，以及针对企业的税务减免，维持经济的正常运行和社会平稳。政府债券融资成本的增加无疑使得政府蒙受额外的负担，这对高负债国家更是一个严峻的挑战。这也是为什么有些国家的央行在面对不断攀升的通货膨胀率的时候却踟蹰是否要加息背后的主要原因。

---

① 在这个简化的例子中我们并没有考虑团结税和教会税，但并不影响结论。在考虑通货膨胀影响后的政府实际收入增加的计算推导如下：14224/（1+12%)=12700 欧元；12700－12000=700 欧元。

本章小结

通货膨胀影响到社会的方方面面，从企业到一般消费者再到政府都无法在通货膨胀的大环境中独善其身。

- 有人从通货膨胀中受益，有人从通货膨胀中受损。通货膨胀中的弱势群体包括现金资产、储蓄账户、固定收入和固定收入证券的持有人及债权人；通货膨胀中的受益者往往是持有抗通胀资产（如股票和房地产及其他另类资产）的持有人和债务人。
- 受行业和自身竞争力局限，不同企业在成本飙升时的应对措施不尽相同。只有它们中的少数才有可能将成本增加全部转嫁给下游客户。
- 受通货膨胀困扰的企业一个显而易见的选择是尽可能削减成本。根据我们的经验，通过降本增效，企业有机会抵消大约 20% 成本增加的影响。
- 缺乏亲历通货膨胀的经验是本届企业经营者的一个大短板。上一次爆发类似当前程度的通货膨胀还是在 20 世纪 70 年代，那已经是半个世纪以前的事情了。并且，彼时导致通胀的大环境和动因与今日不可同日而语。
- 低收入人群及不得不在两地间来回通勤的人群是在当下高通货膨胀环境中首当其冲的受害者。

- 一般消费者可以通过不同的方法来降低通货膨胀对日常生活带来的影响，包括：减少非必须消费，选择相对廉价的品牌和产品，接受消费降级及与之相伴的种种不便利，开辟新的收入来源等。
- 不同行业受通货膨胀的影响无法一概而论。一般情况下，越是与消费者民生相关的产品品类，受通货膨胀的影响就越小。
- 普通民众在通货膨胀来临时可能在多个方面承压，成为通货膨胀的受害者：个人资产缩水，就业和收入前景黯淡，还贷压力剧增，等等。
- 价格弹性在通货膨胀期间多有可能发生扭曲。一方面，客户相比以往在采购时会更加关注价格，包括考虑购买更廉价的产品等；另一方面，当通货膨胀超过一定心理阈值，价格的价值参照体系分崩离析，客户的注意力转向获取关键物资而不是获取关键物资的代价。
- 算经济总账的话，政府可能会从通货膨胀中受益，名义和实际收入都会增加。但另一方面，通货膨胀也会导致政府在养老金、社会福利和企业补贴等方面的负担增加。
- 低息债券到期后的再融资成本大幅上升更可能成为压倒财政的最后一根稻草。因此，各国央行在加息时难免会慎之又慎。

第3章 同通货膨胀赛跑

Pricing Logic

我们应该用一种动态的眼光来看待通货膨胀。成本、价格、竞争对手和客户的行为都在时刻变化，互相影响。通货膨胀不遵循固定的时间表，让人们既猜不到开头，也猜不到结尾。

德国知名的基金经理和作家Georg von Wallwitz在他对1923年德国通货膨胀的分析时断言："下一次通货膨胀会以一种出乎意料的方式出现。"[29]

至于当下的这一轮通货膨胀，经济学家和银行家们对其未来走势也存在诸多分歧。自从2008年次贷危机爆发以来，世界主要央行为保障就业和经济发展，就一直维持宽松的货币政策，扩大货币供应量，而将控制通货膨胀率放在次要的位置。

2012年欧猪五国①深陷主权债务危机，拖累欧盟统一货币欧元滑向崩盘边缘。是年，意大利银行家马里奥·德拉吉（Mario Draghi）临危受命出任欧洲中央银行行长。上任伊始，

---

① 国际经济界媒体对欧洲联盟五个相对较弱的经济体的俗称。原为欧猪四国，指葡萄牙（Portugal）、意大利（Italy）、希腊（Greece）、西班牙（Spain）。之后爱尔兰（Ireland）也加入行列，成为欧猪五国。

他就发表了核心为“不惜一切代价”（Whatever it takes）拯救欧元的演讲，昭示一系列的宽松货币政策的开始。在此期间，游资大量进入房地产和股票市场，推动资产价格连年上涨。尽管在 2021 年已经可以观察到通货膨胀的迹象，但是大多数央行官员们都还乐观地认为物价上涨只是“暂时现象”，不足挂虑。

通货膨胀的快速开始

德国经济学家汉斯 - 沃纳 · 辛（Hans-Werner Sinn）教授在 2020 年慕尼黑 IFO 经济研究所的圣诞节讲座中提及通货膨胀时如是说：“我们不知道通货膨胀何时会来。但如果通货膨胀真的发生时，它会来得又快又突然。”[30]

这个糟糕的情况不幸被辛教授言中了。当前通货膨胀的恶化速度已经超乎所有人的意料，已经呈现出与 20 世纪 70 年代出现的上一轮大型通货膨胀相似的发展态势。如图 3-1 所示，20 世纪 70 年代和 2020 年代初期的通货膨胀都非常温和，但在两年内突然迅速拉升。

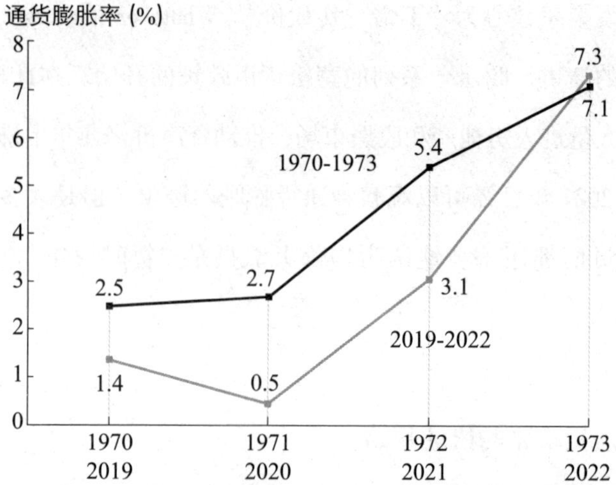

图 3-1　20 世纪 70 年代和 21 世纪初通货膨胀肇始

我们确信，不管是企业或消费者，还是政府或中央银行，面对如此快速恶化的通货膨胀都有些措手不及，缺乏立竿见影的对策。然而在最近这两次通货膨胀周期背后我们观察到截然不同的诱因。这意味着我们无法凭借 20 世纪 70 年代通货膨胀周期的经验去推断当下通货膨胀接下来的走势。

20 世纪 70 年代爆发的高通货膨胀周期在很大程度上可以

归因于“赎罪日战争”引发的油价震荡。① 在战争爆发后的短短几个月内，原油价格从每桶 3 美元飙升到 12 美元。1978 年的第二次油价再次爆发，触达每桶 37 美元的高位。这对一般消费者来说苦不堪言。以汽油价格为例，1972 年德国每升汽油价格为 60 芬尼，到 1974 年上涨到 84 芬尼，涨幅 40%。时间快进到 1980 年，德国每升汽油价格已经上升到 113 芬尼，相比 1972 年的价格水平整整高出 88%。

所有的生产制造都离不开能源这个基本生产要素。因此，原油价格的持续上升推动制造成本上升——其中很大一块成本是人力成本。仅在 1974 年德国员工平均工资就上涨了近 6%，20 世纪 70 年代平均工资水平上涨了约 4%，这一增幅远远超过了同时期生产力的提升。

我们身处的 21 世纪 20 年代这次通货膨胀周期爆发的诱因

① “赎罪日战争”，又称第四次中东战争、斋月战争、十月战争，发生于 1973 年 10 月 6 日至 10 月 26 日，起源于埃及与叙利亚分别攻击六年前被以色列占领的西奈半岛和戈兰高地。战争的头一至两日埃叙联盟占了上风，但此后战况逆转。至第二周，叙军退出戈兰高地。在西奈，以军在两军之间攻击，越过原来的停火线苏伊士运河，直到联合国停火令生效为止。

和 20 世纪 70 年代那次的通货膨胀周期截然不同。此次通货膨胀的主要原因无疑是始于 2008—2010 年全球金融危机的各国央行放水。在随后的若干年中，以资金高流动性维持经济发展成为政治正确的选择，央行银行家们也因此被自己的决定所绑架，货币供应量持续扩张。2019 年新冠疫情大暴发后不久，很多企业陷入经营危机，资金链紧张，使得央行不得不继续将货币供应保持在历史高位水平。从这个角度来看，爆发大规模通胀其实只是个时间问题。

不断放大的货币供应量

我们可以通过对货币供应量变化的观察来证明这一点。各国各地区对货币供应量的定义有所差异，我们在这里沿用欧洲中央银行的定义。欧元区的 M1 货币供应量由欧元区流通货币总量和非银行（含个人和企业）持有的活期存款（即可以随时取出的银行账户余额）构成。从图 3-2 可以看出，在 2006 年到 2021 年的这 15 年间欧元区 M1 货币供应量扩大了将近整整 3 倍。同期欧元区国内生产总值增长仅 1.3 倍。货币供应量的增长远高于经济发展速度，为通货膨胀埋下隐患，高通胀的爆发无非是一个时间早晚的问题。

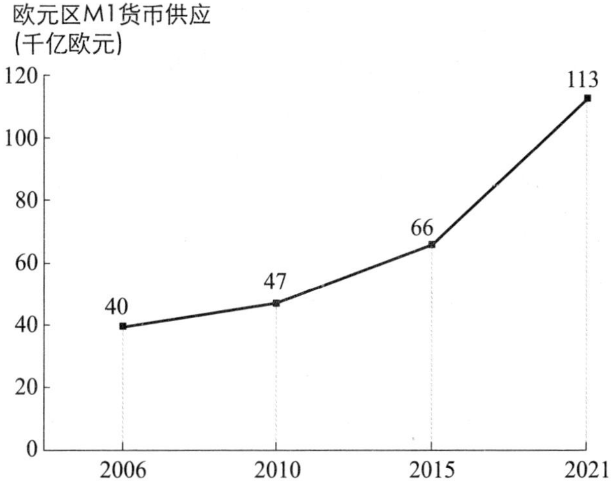

图 3-2　2006—2021 年欧元区 M1 货币供应量变化

一方面，世界人口发展趋势或最近一系列区域间贸易冲突等因素对通货膨胀都会产生影响。另一方面，新冠疫情和乌克兰战争等没人能预料到的黑天鹅事件更是给通货膨胀的发展带来更多的不确定因素。

相比预测整体经济的通胀率，预测某个行业或者某个产品品类的价格变化趋势要困难得多。没人能准确预测石油或黄金的价格走势已经是众所周知的事实。即便是某个孤立的事件，如苏伊士运河因为集装箱船搁浅而断航，个别原材料或电子芯片等组件的短缺都有可能触发某些产成品在短时间内价格飙升。这些由外部事件触发的价格上涨持续时间的长短取决于作为诱因的外部事件持续的时间。就电子芯片而言，建造一个能够满足汽车行业因为电动化和智能化带来的跳跃式增长的需求的工厂至少需要数年时间。在这期间芯片价格大概率时间会保持在高位。只有在新产能上线后，价格才有可能重新出现下行趋势。

因为无法准确预测某个产品品类的价格趋势，特别是通货膨胀的时间起点而就此躺倒是一个悖论。显然，依靠往往延时数个月甚至更久的官方的宏观数据去判断自己行业的价格走势对于企业经营毫无意义。但是企业可以凭借建立自己的信息系统，捕捉在商业往来中的种种蛛丝马迹来形成自己对行业价格走势的判断。毫无疑问，对于绝大多数企业来说这是一件困难的事。但往往困难的事才是正确的事，回报也更大。

敏捷与时机

在通货膨胀周期中，提价的敏捷性与时机至关重要。一般情况下，制定提价计划需要花费大量时间进行分析、决策、与销售团队同步，最终成果取决于与客户谈判的结果。然而，在高通货膨胀的环境下，企业必须分秒必争，加快决策速度，把握正确的调价时机对企业经营结果会产生巨大的正面影响。我们通过图 3-3 通货膨胀期间的价格调整诠释了通货膨胀周期中调价时机的把握对企业经营结果的影响。

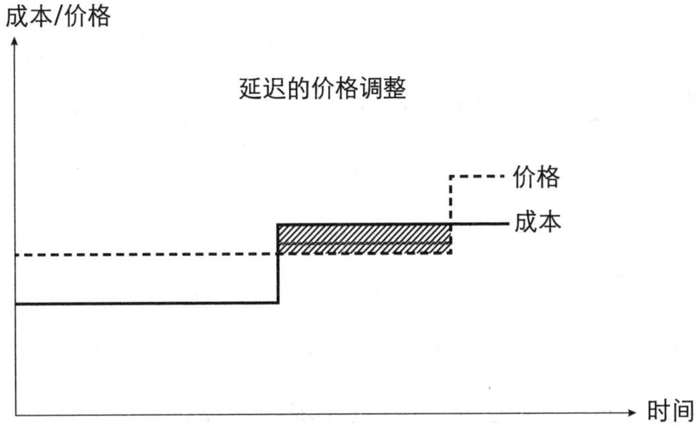

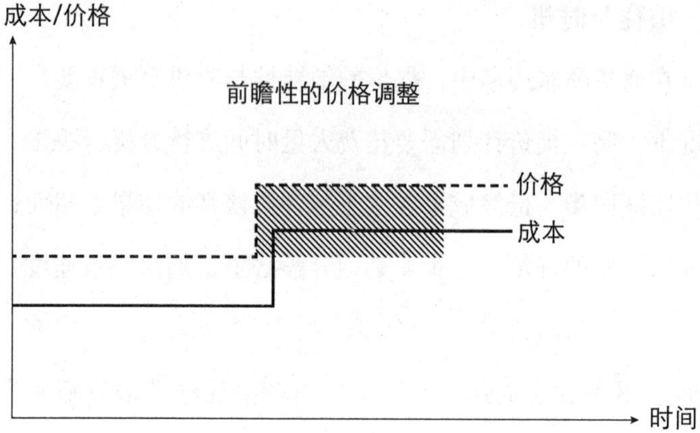

图 3-3　通货膨胀期间的价格调整

图 3-3 展示的是通货膨胀时期的成本变化情况及企业所采取的相应的价格调整措施，分为上下两种情境。在上半部分展示的情境中，企业在成本上涨发生后采取价格调整。如果在成本较稳定，上涨幅度温和的时期，这样的做法未尝不可。但是如果成本在短时间内（多次）大幅提升，这样的做法会给企业利润带来灾难性的打击。阴影部分显示的是企业因为没有及时调价造成的亏损。在高度通货膨胀环境下，如果价格调整迟缓，很可能造成企业全年亏损。

在图 3-3 下半部分展示的情境中，企业经营者及时预判到成本将发生重大变化，赶在成本影响全面展开之前抢先进行了价格调整，帮助企业逃脱亏损境地。有敏锐的读者可能会问：通过所谓的预先调价（Preemptive pricing）是不是有可能实现比之前更高的利润？

答案取决于你如何定义利润。如果看名义价值的话，确实有可能获取比之前更高的利润；但是如果看实际价值的话，即在进行通货膨胀调整后的实际利润[①]，利润水平可能会下降。为了捍卫实际利润，价格调整的幅度必须高于通货膨胀率。

这里还有个需要提及的重要假设是：企业不会因为调价而减少订单，或者失去客户。很遗憾在实践中这个假设往往不成立。企业的定价权及客户自身的经营状况是主要的影响因素，无法一概而论。但是无论如何，只有那些密切关注外部价格环境并且及时采取调整措施的企业才有机会立于不败之地。

知名财经作家和企业顾问 Ram Charan 强调说：“在通货膨

① 简单来说，假设名义利润为 100，通货膨胀率为10%，实际利润为100/（1+10%）=90.9。

胀时期，你必须加快对变化的反应速度。那些反应迟钝或选择错误战略和战术的企业将被削弱，甚至陷入破产的境地。”[31]

调价节奏

我们已经谈过在通货膨胀环境下及时调价的重要性。与之相关的另一个问题是：企业经营者应该按照什么样的节奏来实施调价呢?

如今电子商务平台和金融交易市场中常见的动态定价系统采用特定算法可以根据变量变化实时触发价格调整。这属于特例，我们可以先放在一边。我们在这里重点关注生产型企业或传统零售企业的价格调整。

一般来说，调价节奏可以分成两种方式。在第一种方式是固定周期调价——调价周期是确定的，两次调价之间时间较长，可能是一季度，可能是一年，甚至有可能跨年度。德国大型零售商超和供应商通常会每年进行一次年度谈判，确定下一个年度的供应量、营销预算，以及采购价格。这个价格将持续到下一年度的年度谈判。

在工业品行业，约定供应价格的长期供应合同非常普遍。这些合同中有可能包括特殊情况下的价格调整条款。这个特殊情况通常由原材料大幅涨价触发。在成本和价格稳定的环境下，采用第一种方式有助于节约供销双方的时间成本，提升效率。

然而固定周期调价的优势在通货膨胀环境下消失殆尽。通货膨胀意味着价格 / 成本会进入上升通道，并且加快变化速度。因此，通货膨胀期间的成本变化通常不会像图 3-3 中描绘的那样在一次跳升后就保持平稳，而是频繁地不断向上攀升，没有人知道下一次价格上涨是什么时候，也没有人知道最后一次价格上涨会是什么时候。在通货膨胀最严重的时候，很多商品的价格在一天内就可能发生多次变化，就如同 2022 年的土耳其一样。

如果在通货膨胀环境中仍然按原本的节奏在固定时间节点调价，那单次价格调整的幅度必须很大，才能抵消或者冲减部分成本大幅增长带来的利润压力。不难想象，大幅涨价在客户方会受到很大的阻力。在工业品领域，企业客户可能会取消或者减少订单；在消费品领域，消费者会用脚投票，停止购买。价格弹性的存在决定了销量大跌是大幅度涨价后的大概率事件。

如果古腾堡[①]价格模型成立的话，那么价格—销量函数是一条分成几段的折线而不是一条直线，也就是说，不同幅度的价格调整将对销量变化的幅度带来不同的影响。具体地，当下供需均衡的价格区间在一定程度上可以视为“垄断区间”。在这个区间内的小幅价格调整对销量的影响非常有限，类似垄断市场的价格—销量函数。

在降价的情况下，随着企业自身的销售价格与平均竞争价格之间的距离越来越大，将吸引越来越多以前从竞争对手那里购买产品的消费者；而在价格向上变化（通货膨胀！）的情况下，价格增长越偏离初始价格，波动程度就越大。

所以从涨价策略来看，企业经营者应该选择在较短的时间间隔内实施几次较小的价格上涨，而不是坐等到成本上涨到夸

① Erich Gutenberg，1894–1984，德国学者，被视作德国现代企业管理学科的奠基人。

张的程度后再进行一次性的大幅价格调整。图 3-4 展示了这两种调价策略之间的差异：多次小幅涨价用线段虚线表示，一次性大幅涨价用点状虚线。

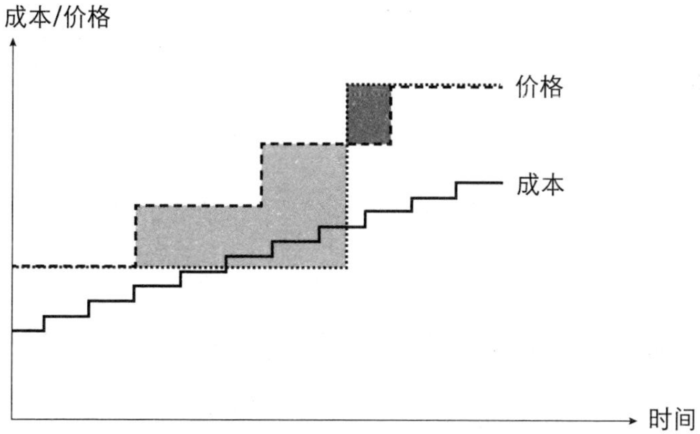

图 3-4 多次小幅涨价策略 vs 一次性大幅涨价策略

阴影区域代表的是两种调价策略带来的利润边际贡献之间的差异。很明显可以看出，多次小幅涨价对企业来说更具优势。随着时间的推移，成本曲线和价格曲线之间的垂直差距会逐步放大，这对捍卫排除通货膨胀影响之后的实际利润来说是至关重要的。

有一位经营多家连锁面包店的店主和我们分享他自己的关于调价策略的亲身经验:“从前在面临原材料涨价的时候，由于种种原因造成我们没有及时进行提价。由于错过了好几次调价的机会，到最后我们不得不大幅提价，比如每条面包价格上调 20% 到 30%。由于调价幅度明显，很容易就被客户注意到。我们因此受到不少抱怨。回头想来，如果我们分几次调整价格，客户的反应应该就不会那么大，这对我们的利润也有好处。”他的这席话印证了阶梯式小幅涨价的优越性。

随着近期通货膨胀在全球范围内愈演愈烈，我们已经可以在工业品领域观察到相比寻常更频繁的价格上涨，如轮胎制造商大陆集团（Continental）相关人士表示:“我们今年的调价动作非比寻常，至今（截至 2022 年 4 月）已经三次联系其业务合作伙伴沟通调价。”[32]

事实上，进入 2022 年以来汽车供应商迫于价格压力与整车厂进行新的价格协商已经成为常态。西蒙顾和管理咨询公司受很多供应商的请求帮助他们制定合适的调价策略，并帮助他们进行与整车厂的谈判。调价的最终结果取决于买卖双方之间相对的定价能力及财务状况。

根据我们的经验，在消费品领域的涨价相对更容易实施，但是也会带来其他问题。我们将在第 14 章对此再作进一步展开。

本章小结

在通货膨胀的大背景下，调价的敏捷度和时机选择对经营结果至关重要。要想跑赢通货膨胀，企业经营者应当重点关注以下几点。

- 通货膨胀何时开始很难准确预测。通货膨胀通常以出人意料的方式开始，并以惊人的速度蔓延。
- 及早意识到了解最终诱发通货膨胀的底层原因会非常有帮助。例如，2020 年开始的这次通货膨胀周期的底层原因是多年以来各国央行货币供应量的扩张。
- 诸如乌克兰战争之类的黑天鹅事件无法预测，但是企业仍然可以针对可能的极端事件进行相关的预案。

- 消费者价格指数或者生产者价格指数这样的一般化的通胀指标对于个体企业的指导意义有限。企业经营者需要密切关注本行业、本产品品类的价格走势，建立完善的信息检测系统，目标是在第一时间发现通货膨胀的苗头，以便采取相应的举措。
- 踌躇不前，延误调价时机是大忌。企业经营者必须提高决策速度，赶在成本上涨大潮抵达前进行预先调价（Preemptive pricing）。
- 面对高通货膨胀环境，阶梯式小幅涨价优于一次性大幅调价。

第4章　通胀对利润的影响

Pricing Logic

企业目标决定企业的经营方针。我们在本书中遵从经典的利润最大化目标假设，由此可以推断企业在通货膨胀环境中的首要经营目标是捍卫利润。然而什么是利润？利润是一个大家似乎都知道但是又模样模糊的概念。

在本章中，我们将先花一些篇幅来解释各个常见的利润概念和误区。接下来，我们会对照民众对一般企业盈利情况的预期与实际情况。利润是企业抵抗通货膨胀的救生圈。通过盈利情况分析我们可以知道哪些企业在通货膨胀中会面对更大的挑战。

在本章最后，我们会介绍对企业经营者来说可以考虑采用哪些利润防御的措施。

所谓“利润”

在学术期刊和坊间流传着多个不同版本的关于利润的定义。我们将利润定义为企业在一定时期内的财务成果，等于从销售收入中扣除所有企业需要向员工、供应商、银行、其他债权人及国家履约产生的成本之后剩余的金额，是完完全全属于企业业主的剩余利润。

现实情况中，有 100 个人，就可能有 101 种对利润的定义。收入作为利润的源头，定义相对明晰。但是成本作为收入和利润之间的差额可能有多种不同的定义，于是就有了多种不同的利润定义。我们所说的利润可能是毛利润、息税折旧及摊销前利润（EBITDA），可能是息税前利润（EBIT），可能是税前利润，也可能是税后利润，凡此种种。

名义利润 vs 实际利润

特别是在通货膨胀的大环境中，我们需要知道名义利润和实际利润之间的差别。前者是当前创造的利润金额，只是一个数字，与实际购买力无关；后者是根据通货膨胀程度进行调整后的利润，体现了实际的购买力。通货膨胀时名义利润有可能大幅增加，企业经营者可能会突然“感觉自己好富有”。但等通货膨胀的浪潮退却后，他们会发现自己之前其实是在裸泳。

幻影利润

如果采用先进先出[1]的存货计价方法，那么在通货膨胀环境中就会出现所谓的幻影利润。幻影利润的根源是历史采购成本与当下重置成本在通货膨胀情况下存在显著差异。我们可以通过以下这个简化的例子来说明什么是幻影利润。假设销售价格在通货膨胀期间保持不变为100，原材料的历史采购成本为80。受通货膨胀影响，当下原材料的重置成本为90。从会计角度来看，企业的毛利为20。但因为销售价格并没有提升，企业的税前实际利润与之前相比其实并没有差别。但不幸的是，企业所得税的税基是名义利润而不是实际利润。因此，尽管幻影利润看上去很美，但在事实上增加了企业的税负，加重了企业负担。

---

① FIFO，即First Come, First Out，即先进先出指的是根据先入库先发出的原则，对于发出的存货以先入库存货的单价计算发出存货成本的方法。采用这种方法的具体做法是：先按存货的期初余额的单价计算发出的存货的成本，领发完毕后，再按第一批入库的存货的单价计算，依此从前向后类推，计算发出存货和结存货的成本，这就是先进先出。

经济利润

有一些利润概念与会计成本（即记录在公司账册上的客观的和有形的支出）无关，而关注资本的机会成本（Opportunity Cost）。机会成本指企业为从事某项经营活动而放弃另一项经营活动的机会，或利用一定资源获得某种收入时所放弃的另一种收入。另一项经营活动应取得的收益或另一种收入即为正在从事的经营活动的机会成本。

所谓经济利润（Economic profit）是指企业在一定时间周期内收益与所有成本的差额。这里的成本包括显性的各项运营中产生的成本及隐性的资本机会成本。所以，经济利润有时也被称作超额利润或者纯粹利润，反映了企业对资本利用的效率。决定隐性的资本机会成本的一个关键因素是加权平均资本成本（Weighted Average Cost of Capital, 简称 WACC），是产权投资人和债券投资人要求的投资回报的加权平均值。

如果一家企业总资本为 1 亿欧元，当期获得 10% 的资产回报率，同时其加权平均资本成本为 8%，那么这家企业当期创造的经济利润为 10,000 万欧元 ×（10%−8%)=200 万欧元。

也就是说，这家企业在支付了所有经营成本和资本成本之余，可以保留 200 万的超额利润。

在计算利润时考虑隐性资本成本的想法并不新鲜，最早可以追溯到英国经济学家阿尔弗雷德·马歇尔（Alfred Marshall）在 1890 年提出的建议。企业估值中广泛运用的贴现现金流（Discounted Cash Flow，简称 DCF）方法中也贯穿了这一理念。经济利润为评估企业运营水平设定了一个更高的标准。高通货膨胀周期中资本成本会显著上升，这使得企业实现经济利润变得比平时更加困难。

生存成本

企业追求利润最大化目标背后的原动力往往是为了保证企业的存续。管理大师彼得·德鲁克（Peter Drucker）就利润在实现这一目标中起到的关键作用曾有过以下经典表述：

“利润是企业生存的必要条件，它是企业未来的成本，是维持业务存续的成本。”[33]

简单来说，利润可以解释为“企业的生存成本”。经营者为了实现企业长久存续的目标必须处心积虑想方赚取“生存成本”。[34] 因此，从长久来看，企业经营者不能将利润视作可有可无的“剩余价值”，而必须将扩大企业的利润池作为整体的经营方针来贯彻。尤其是遭遇类似黑天鹅或者灰犀牛等不可控的外部冲击时，企业历年积累下来的利润池就像动物在冬季来临前积蓄的脂肪，决定了它们是否能够挨过漫长的寒冬。突如其来的大幅度的通货膨胀也属于此类不可控的外部冲击。

接下来，让我们以德国企业为样本来分析它们的盈利水平是否足以支持它们在高通货膨胀周期中渡过难关。

盈利情况

德国企业是否有足够的利润储备来应对通货膨胀带来的挑战？ 20 多年前赫尔曼 · 西蒙在接受德国镜报（Spiegel）的一次采访中有感于德国服务行业的整体水平低下，将德国比作“服务沙漠”（Service desert）。这个比喻同样适用于德国企业的盈利情况。一言概之，现如今的德国不仅仅仍是一个“服务沙漠”，而且还是一个“利润沙漠”（Profit desert）。当然，这并不意味着这个国家没有高盈利的企业。但从平均水平来看，德国企业的盈利水平相较其他国家不容乐观。这糟糕的情况可以从图 4-1 中可见一斑。[35]

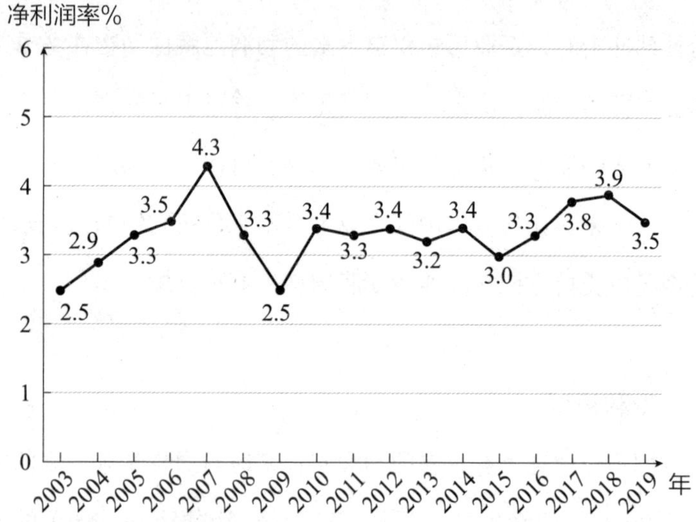

资料来源：德国联邦银行

图 4-1　2003—2019 年德国企业的平均净利润率

在 2003 年到 2019 年的 17 年间，德国企业的平均净利润为 3.3%。这意味着 100 欧元的收入在扣除各项运营成本后，企业仅剩下 3.3 欧元的账面利润可以用来支付资本、风险和未来的成本。需要指出的是，这 3.3 欧元还只是名义利润，在排除通胀影响之后的实际利润会更加令德国企业家汗颜。

然而，即便不考虑通货膨胀，我们也可以清楚地看到德国企业历年净利润率仅在一个很窄的波段内低位波动。德国这种波澜不惊的盈利情况为德国股市的沉闷底色做了最好注脚——德国上市公司估值普遍较低，交易频率偏低，罕见大型独角兽。

现在再让我们来看一下经过通胀调整后的实际净利润率。2003—2019 年期间德国的年平均通货膨胀率为 1.43%。扣除通货膨胀率影响后，德国企业的实际净利润率仅为 1.87%。我们难以判断德国企业实现的经济利润，因为每一家企业的资本结构和风险回报率有所差异。但我们可以判断的是资本要求的回报率与通货膨胀率成正相关关系，也就是说随着通货膨胀程度的加剧，资本成本也会上升。鉴于德国企业如此之低的利润率，我们敢说至少一半的德国企业在过去的二十年间并未赚取经济利润，它们没有为股东创造真正的价值。

通过对不同国别企业净利润率的横向比较，我们可以获得更多洞察。图 4-2 展示经济合作与发展组织（简称经合组合，OECD）中的 22 个成员国国家的企业的平均净利润率表现。[36]

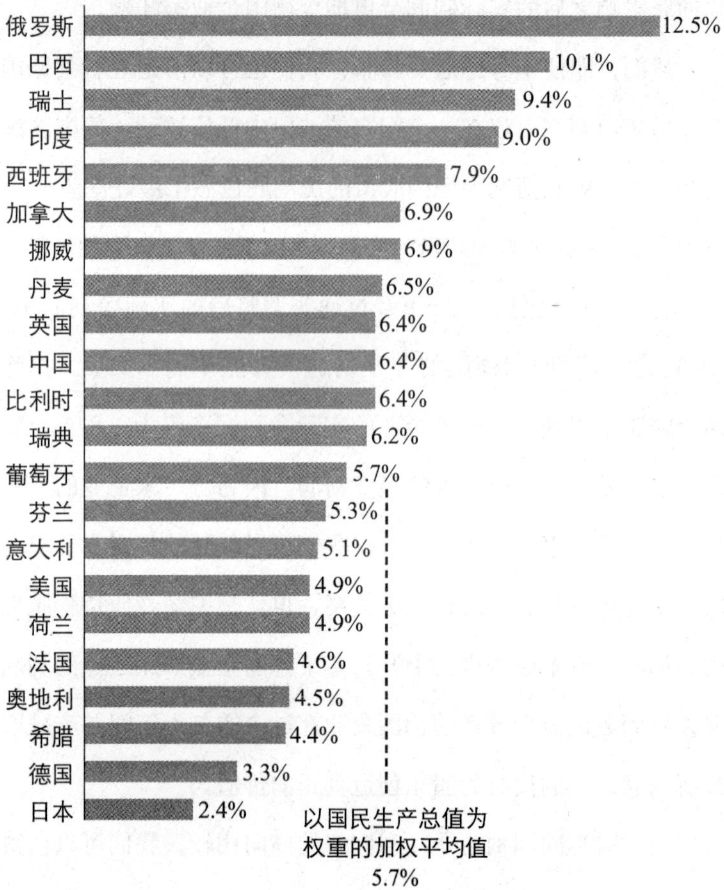

图 4-2 经合组织（OECD）国家企业的平均净利润率

在 22 个国家样本中，俄罗斯企业的盈利能力最强，日本企业垫底，德国企业以 3.3% 的净利润率排名倒数第二，中国企业处于中游水平，占据第 13 名的位置。在其他欧美经济强国面前，德国企业的盈利能力相形见绌——瑞士企业的净利润率几乎是德国企业的 3 倍（公平地讲，瑞士较低的税率有一定影响）。而英国企业的净利润率为 6.4%，美国企业的净利润率为 4.9%。邻国法国和奥地利企业的净利润率也超过了德国同行。

上述这些证据表明，德国企业的利润储备明显不足，一旦爆发大规模通货膨胀，利润储蓄池很容易就会击穿。“对于利润率低的企业来说，纸面利润背后已经出现实质亏损，”通货膨胀会计专家威利 · 科尔（Willi Koll）这样写道。[37]

要知道，我们谈论的还只是会计利润。如果从经济利润的角度来看，通货膨胀下的德国企业的处境会更糟糕。事实上，在 2021 年进入新一轮的高通货膨胀周期后，很多中小型企业的经营已经面临很大困境，资金周转出现问题。

利润防御

为了展开捍卫利润的机会的讨论，我们首先需要定义一个简单的利润计算公式。我们将利润定义如下：

利润 =（价格 × 销量）– 成本

从上述公式可见，利润的高低仅由三个因素决定，即价格、销量和成本。我们称其为利润驱动因素。其中成本还可以进一步细分为固定成本和可变成本。我们用一个简单的例子来进一步说明利润驱动因素。

假设某企业只生产一种产品。这种产品的零售价格为 100 欧元，销量为 100 万件。固定成本为 3,000 万欧元，单位变动成本为 60 欧元。相应地，这个产品的销售额是 1 亿欧元，税前净利润是 1,000 万欧元。税前净利润率为 10%。进一步假设适用税率为 30%，那么税后净利润率为 7%。正如我们在图 4-2 中看到的，这家企业的净利润率水平已经高出经合组织国家的平均水平，可以说是一家盈利情况还不错的企业。接下来让我们看看通货膨胀会给这家企业带来什么样的影响。

受通货膨胀影响，产品成本上升 10%，假设销量不变保持在 1 亿件——固定成本增加到 3,300 万欧元，可变成本增加到 6,600 万欧元，总成本增加 900 万欧元。如果这家企业无法提价将成本增加转嫁给客户，税前净利润将从 1,000 万欧元自由落体下降到 100 万欧元。10% 的通货膨胀导致净利润下降 90%。经过通货膨胀率调整后的实际净利润更是降至 90 万美元。从以上这个简单的演算就可以清楚地看出为何通货膨胀对许多企业来说无疑是一场噩梦。

如此看来，通过提价来减缓成本增加带来的压力似乎是势在必行。那必须要提价多少个点才能保持利润不变呢？价格变化通常会引起销量变化。为简单起见，我们先假设销量保持不变。售价上涨 9% 到 109 欧元，销量不变的情况下，产品销售额将增加 900 万欧元，通货膨胀引起的成本上涨的绝对值将全部由客户买单。名义利润保持不变维持在 1,000 万欧元，但实际利润仍下降 10%，下滑到 900 万欧元。

为了捍卫企业的实际利润，售价必须和成本一样同比提高 10% 达到 110 欧元，即将成本增加的部分全部体现在价格内，并全部转嫁给客户。这样做的结果是将产生 1,100 万欧元的名义利润，而实际利润为 1,000 万欧元，企业得以维持在通货膨胀爆发前的实际利润水平。

现在，我们再来回顾一下价格变化而销量保持不变这个假设。在售价提高 9% 或 10% 的情形下，销量是否有可能保持不变？也就是说价格弹性为零？要回答这个问题不是很容易，一方面取决于竞争对手的反应，另一方面取决于客户的购买行为。但即使所有竞争者都效仿以相同的幅度提价，价格弹性为零的假设也不太现实。例如，德国领先的高端商超连锁品牌 REWE 表示，“……零售商也不得不放弃一定的利润空间；REWE 已经投资了 3 亿欧元（作者注：放弃调价或采用较小幅度的调价）以平稳货架价格。”[38]

我们将在下一章中进一步展开关于价格弹性的讨论，并探讨通货膨胀周期中的定价逻辑。但就这里举的这个例子来说，看似还相对温和的 10% 的通货膨胀率就有可能给企业的名义利润和实际利润带来重大影响。在本例中提到的这家企业尚有一个还算不错的利润率（税后净利润率 7%）。但在通货膨胀开始发生时，如果不进行价格调整，将部分成本上涨转嫁给下游客户，将会很快出现财务赤字。而对于那些净利润率水平低于平均线的企业来说，10% 的通货膨胀率带来的打击将会是致命的。

更糟糕的是，低利润率在很多情况下是由于缺乏定价权导致的。也就是说，低利润率的企业在通货膨胀周期想要涨价会更困难。以牺牲利润率为代价的增长模式在市场景气的情况下行之有效，但是一旦出现类似大幅通货膨胀的黑天鹅事件，低利润率企业（尤其是成本结构中固定成本占大头的企业）由于缺乏定价权会陷入相比其他企业更严重的经营困境。

本章小结

企业的利润在通货膨胀周期中会遭到很大挑战，利润防御成为重中之重。

- 我们将利润定义为企业在履行所有对外对内偿付义务后的收入盈余。诸如息税折旧摊销前利润（EBITDA）或者息税前利润（EBIT）之类的会计利润指标，从这个意义上来说不能算作真正的利润。

- 在通货膨胀中，区分名义利润和实际利润至关重要。企业的最终目标应该是捍卫真正的排除通货膨胀影响之后的真实利润。名义利润在高通货膨胀环境中只是纸上富贵，与实际购买力脱钩，因此毫无意义。
- 通货膨胀情况下原材料的重置成本高于历史采购价值，因此产生了幻影利润。看上去很美的幻影利润会增加税负，实质上增加了企业的负担，减少了可用于固定资产投资的资金。
- 经济利润是满足所有债权人和产权人回报后的剩余价值，是真正的企业利润。
- 管理大师德鲁克认为利润是企业的生存成本。
- 德国企业的盈利状况不容乐观，3.3% 的净利润率低于大多数西方发达国家；中国企业的盈利水平在经合组织成员国中处于中游。
- 即便是一个高出经合组织国家平均盈利水平的企业，在遭遇通货膨胀的时候也很难维持原本的利润水平，特别是在以经济利润为考量标准的时候。
- 低利润率企业（尤其是成本结构中固定成本占主导的企业）因为缺乏定价权，会在通货膨胀周期中陷入更深的困境。

第5章 通胀下的定价逻辑

Pricing Logic

在通货膨胀期间，掌握定价的底层逻辑显得尤为重要。企业经营者应当避免轻率地采用成本加成定价等这样想当然的方法。将成本上涨部分全部转嫁给下游客户或者消费者往往不是最佳选择。我们在本章中重点聚焦通胀环境中的定价逻辑。对更全面、深入的定价方法论感兴趣的读者可以在《定价制胜》和《价格管理》这两本书中寻找答案。

图 5-1 展示了影响价格区间的相关因素。客户支付意愿和竞品价格中的较小值决定了价格上限，而价格下限通常取决于企业的成本——短期内是单位可变成本；从长期来看是总单位成本。同时，企业战略目标和相关法规限制进一步缩小了企业经营者可选择的价格区间。

而通货膨胀将引发一系列变化。成本剧增推动价格下限及最优价格的上移。客户支付意愿的变化难以一概而论。如果客户价值感知保持不变，那他们的支付意愿也应该保持不变；如果客户认为价格上涨不可避免，那么相应地，他们的支付意愿也会上升；如果客户的购买力受到限制，那么他们的支付意愿也可能会下降。

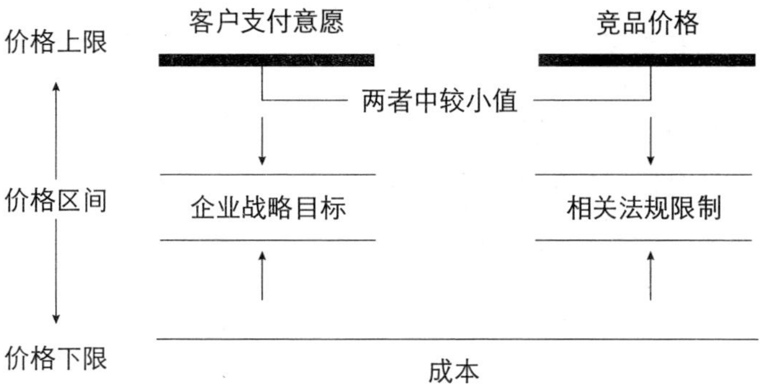

图 5-1 影响价格区间的因素

支付意愿与成本之间的相对变化决定了企业利润是否会承压。如果成本上升而客户的支付意愿保持不变甚至下降，企业将陷入危险境地。因此，企业经营者在通货膨胀环境中必须更加深入了解客户支付意愿的变化——这是影响价格调整的决定性因素。

企业经营者在通货膨胀环境中必须更加密切关注竞品价格和竞争性反应。涨价只有在竞争对手亦步亦趋的情况下才行得通；如果竞争对手不调价或者延迟调价时机，那事情就会变得有些棘手。在这种情况下，急需一家企业能够挺身而出，扮演行业价格领导者的角色，起到示范作用。

价格类型

为了在通货膨胀环境中进行有效的价格管理，企业经营者必须区分协议价格和固定价格。前者指买卖双方通过协议达成的价格；而后者是一方设定的价格，另一方可以决定是否按照此价格买入或销售。在现实生活中，协议价格更为常见。

一项研究表明 70% 的企业通过谈判与客户确定交易价格。[39] 事实上，价格谈判在工业领域属于常态；在消费级市场中，固定价格则占主导地位。上述是一般规律，但也确实存在例外情况：中小型企业购买办公用品或小件商品的行为与普通消费者并无二致，交易价格都是固定的；而大型企业在购买所谓 C 类产品的长尾产品时也往往按照与供应商的价格框架协议采用固定价格。

消费者在购买大件商品时往往会议价，比如在买房买车的时候；而大概不太会有人在超市或药店试图议价。不过在市场经济环境中，消费者几乎没有什么阻碍，可以自由地与卖方进行价格谈判——特别是在购买昂贵的服饰、家电或艺术品的时候。

通货膨胀对协议价格与固定价格来说意味着什么？我们

先来看协议价格。价格谈判的一个核心话题是乙方可以实现（甲方可以接受）的调价幅度。因此，乙方会倾注高度的注意力和精力到谈判中去。其中，谈判者（通常是销售团队）扮演的角色尤为重要。

甲方需要做两个决定：首先，接受什么水平的价格；其次，在该价格水平购买多少数量的产品。在固定价格的情况下，甲方只需要做第二个决定，即在特定价格水平下购买的产品数量。不管是协议价格还是固定价格哪种情况，价格、销售额和利润之间的基本法则均普遍适用。这意味着最高的价格对乙方来说不一定是最优的。追求最高价格只有在销量提前确定的情况下才有意义。如果价格过高导致客户购买量大幅下降，会导致企业利润受损，得不偿失。概括地说，无论是工业品还是消费品市场，乙方需要密切关注甲方对价格变化的敏感度，用术语来表达的话，即价格弹性。

市场地位

我们常说的通货膨胀一般情况下是一个市场的整体通货膨

胀率。但不难想象，在同一时期，不同行业、不同企业面对的通货膨胀率可能存在显著差异。以德国为例，德国电信行业在过往十年间内实现了 5% 的名义收入增长（请注意是十年）。在经过通胀调整后的实际增长率是 -10%。这是一件令人唏嘘的事。尽管电信企业不可谓不努力，不断推出创新并显著地改进了服务质量，但很遗憾，该行业无法做到根据通货膨胀率同步提升价格。

相比之下，德国汽车行业在同一个十年期间名义收入增长了 30%，实际收入增长了 11%，价格上涨幅度跑赢了通货膨胀率。

西蒙顾和管理咨询公司全球定价研究中对全世界 3,904 名经理人进行了调研。其中一个问题问的是关于他们企业的涨价幅度和同时期通货膨胀率之间的关系。结果大约各有三分之一的受访者表示他们企业的涨价幅度低于或高于通胀率的水平。[40] 这意味着通货膨胀对不同行业和不同企业造成的影响迥异——有些行业和企业不得不接受实际价格下跌；而同时，也有些行业和企业可以全身而退。

通货膨胀同时影响销售价格和采购价格。一个产品或一家公司的利润情况的决定性因素是企业成本与客户支付意愿之间的差额是如何随着时间的推移而发展的。这一差额也被称为“净市场地位”（Net Market Position），是用来衡量一家企业将成本上升转嫁给下游客户的能力。

最优价格

我们在第 4 章分析了成本增加 10% 对利润的影响，当时我们假设价格上涨对销量没有影响。接下来，我们将延续第 4 章中的那一个例子来说明如何寻找最优价格，但在这里我们将采用更符合现实情况的负斜率的价格响应函数来评估调价对财务指数的影响。初始情况保持不变，即单位可变成本为 60 欧元，固定成本为 3,000 万欧元。我们假设成本函数呈线性，即单位可变成本与边际成本相同。我们用以下价格—销量函数来表述通货膨胀对最优价格的影响：

$$q=3500-25p$$

其中销量 q 以 1,000 件为单位，价格 p 以欧元 / 件表示。

价格—销量函数（需求曲线）和成本函数是帮助我们分析通货膨胀对利润影响的简单化假设。但尽管如此，要真正理解不同财务指标之间的关系仍然不是一件那么简单的事。图 5-2 展示了价格、成本、销售额和利润之间的关系。接下来让我们还是看图说话。

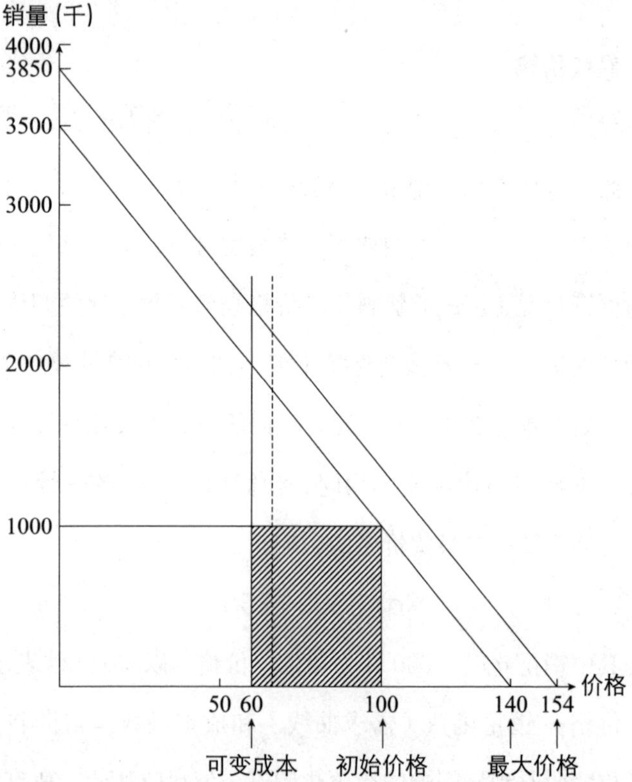

图 5-2　价格、成本、销量和利润之间的关系

初始情况下，价格响应函数与 x 轴（价格）在 140 欧元处相交，即客户愿意支付的最高价格。在这个价格下销量会降为零。理论最大销量为 350 万件，即价格响应函数与 y 轴（销量）的截距。在线性函数假设下，实现利润最大化的价格正好落于最高价格（客户最高支付意愿）140 欧元和单位可变成本 60 欧元的中间，即 100 欧元。[41] 企业以这个价格可以实现 100 万件的销量，1 亿欧元的销售收入和 4,000 万欧元的利润贡献。利润贡献在图中用阴影矩形表示。在扣除 3,000 万欧元的固定成本后，企业将录得 1,000 万欧元的净利润。这一场景与第 4 章中描述的情况相同，我们在表 5-1 中将其标记为 A。

我们现在来考虑其他场景。在所有这些场景中，成本都增加了 10%，但客户的最高支付意愿和企业采用的价格各不相同。为了避免混淆，我们在图中不再一一标注。读者们在表 5-1 中找到各个场景一一对应的数字。

表 5-1　成本增加 10% 的不同场景比较

	场景	价格€	销量（千）	收入百万€	可变成本 百万€	利润贡献百万€	固定成本百万€	净利润百万€
A	初始情况	100	1,000	100	60	40	30	10
B	成本 +10% 最高支付意愿不变 价格不变	100	1,000	100	66	34	33	1
C	成本 +10% 最高支付意愿不变 价格 +10%	110	750	82.5	49.5	33	33	0
D	成本 +10% 最高支付意愿不变 价格优化	103	925	95.3	61	34.3	33	1.3
E	成本 +10% 最高支付意愿 +5% 价格优化	106.5	1,012.5	107.8	66.8	41	33	8
F	成本 +10% 最高支付意愿 +10% 价格优化	110	1,100	121	72.6	48.4	33	15.4

场景B：成本（含可变成本和固定成本）增加 10%，较高的单位可变成本在图 5-2 中用虚线表示。客户支付意愿（以最高价格衡量）保持在 140 欧元不变。但这家企业可能因为缺

乏定价权等原因而无法将成本增加部分转嫁给客户。在这样的情况下，销量保持不变。利润贡献下降到 3,400 万欧元，在扣除 3,300 万欧元的固定成本后，仅剩下 100 万欧元的利润。综上，在场景 B 中，成本增加 10% 会导致利润贡献下降 60%，净利润下降 90%。

场景 C： 成本增加 10%，客户支付意愿（最高价格）保持不变。然而，10% 的成本增加以相同的百分比形式全额转嫁给客户的价格，因此价格上涨至 110 欧元。在这样的情况下，销量下降 25% 至 750,000 件，收入下降至 8,250 万欧元，利润贡献下降至 3,300 万欧元，而净利润下降至零。通过计算我们可以知道这里的价格弹性为 -2.5。这是一个非常现实的，绝非夸大的价格弹性数值。[42]

价格弹性是销售额变化百分比与价格变化百分比之间的比率。通常情况下，由于这两种变化的数字符号相反，价格弹性为负。为了便于沟通，我们也常用绝对值来表述价格弹性。价格弹性越高，销量变化对价格变化越敏感。

如果我们在调价的时候采用的不是与成本增长相同的百分

比（10%），而是与成本增加相同的绝对值（6 欧元），新价格将是 106 欧元。有兴趣的读者可以自己计算下对应的销量、收入和利润情况。

场景 D：成本和客户支付意愿与场景 C 相同，但我们以利润最大化为目标对价格进行了优化。如之前介绍过的，实现利润最大化的价格是单位可变成本（66 欧元）和最高价格（140 欧元）的中间值，即 103 欧元。也就说，以利润最大化为目标的话，企业应当只把成本增加部分的一半转嫁给客户。这样的话，净利润为 130 万欧元，与初始情况相比还是下降了 87%。

场景 E：成本增加 10% 的同时客户支付意愿增加 5%，最高价格上升到 147 欧元。相应地，实现利润最大化的价格上升到 106.5 欧元，给企业带来 800 万欧元的净利润。尽管支付意愿有所增加，但价格上升百分比仍然低于成本增加百分比，因此最终企业还是蒙受了 20% 的利润损失。

场景 F：成本增加 10% 的同时客户支付意愿（最高价格）增加 10%，达到 154 欧元。价格—销量函数如图 5-2 中虚线所示向右平移，最优价格为 110 欧元，比原先提高 10%。同时，销量也增加了 10%。在所有场景中，场景 F 是唯一一个与初始情况相比净利润不降反升的场景。

从情景 E 和 F 中我们可以看到，提升客户支付意愿是保护乃至提升利润的关键抓手。尤其是在通货膨胀环境中，企业在降本增效的同时，还必须采取措施提高客户支付意愿以捍卫自己的利润。

这些措施可以是创新，可以是聚焦有较高支付意愿的目标群体，也可以是加强品牌力，提升销售团队能力等。然而实施这些措施企业需要额外的投资。考虑到利润下降、现金流吃紧的情况，如何有效地部署这些措施就要对企业构成要素进行切实调整。我们将在此后的章节中对此话题进一步展开讨论。

表 5-1 中展示的是名义利润。每一个场景中的实际利润在经过通胀调整后均比名义利润要低 10%。同时需要指出的是，在以上场景分析中我们并没有明确考虑竞争对手的价格及竞争对手相互间对调价的反应。这里的潜在假设是所有竞争对手都是理性的，并会采取相似的举措。

我们可以从上述这些计算中得出什么结论？这会不会只是

理论上的纸上谈兵？事实上，在成本和价格变化与初始情况相差不是很大的情况下，线性函数假设实证是合理的。在西蒙顾和的咨询实践中，我们有时会使用更复杂的场景模拟模型，但其底层逻辑与在这里介绍的方法论是基本一致的。

我们强烈建议我们的客户在实施任何价格调整措施之前进行一番这样的演算，虽然不见得可以借此实现人生巅峰，但一定可以避免犯大错。这也是我们希望通过本书传达给读者们的最重要的一个价值千金的建议。

在通货膨胀的市场环境中，成本加成定价法——无论是依据百分比还是绝对值——都绝非企业经营者的最佳选择。这是因为它忽略了客户支付意愿这一关键因素。如前文提到的，提升（名义）支付意愿是捍卫利润的重中之重。如果做不到这点，成本增加很快很容易就会全部侵蚀企业利润。

上述的场景分析也证实了一项或多或少有些反常识的规则，即以利润最大化为经营目标的企业不应该将成本增加全部转嫁给客户。事实上，一些头部的德国零售企业正是这么做的。例如，廉价连锁超市巨头奥乐齐（Aldi）声称，当他们的牛奶采购价上涨 10 欧分时，他们只会将面向消费者的终端零售价提升 7 欧分。[43]

另一家相对高端的德国连锁超市品牌 REWE 的首席执行官莱昂内尔 · 苏克（Lionel Souque）则表示，零售商必须放弃一部分利润，并呼吁业界不要将成本增加全部转移到零售价格。[44]

成本增加而客户支付意愿不变，必然导致利润下降；即使客户支付意愿略有上升，但低于成本上升幅度的话，也往往不足以捍卫之前的利润水平；仅当客户支付意愿大幅上升超过成本上升幅度的时候，企业才有可能维持甚至提高利润。遗憾的是，在通货膨胀期间，类似 E 和 F 这样的场景实在是可遇而不可求。

写到这里，大部分读者想必已经领会到影响场景分析乃至决策质量的一项关键工作是搜集客户行为相关信息。如果不了解客户的价值感知和他们的支付意愿，企业经营者的价格管理无异于盲人摸象。另一项影响定价决策的关键因素是竞争行为。所谓“知己知彼，百战不殆。”我们将在第 7 章中着重讨论竞争环境这个话题。

本章小结

想要掌握通胀环境下的定价逻辑，我们需要弄清楚以下几个要点。

- 通货膨胀环境下的最优价格（实现利润最大化的价格）取决于三个因素：客户价值感知、企业成本和竞品价格。
- 价值感知决定了客户的支付意愿，从而决定了价格上限（最高价格）；企业成本决定了价格下限；竞品价格限制了价格范围。
- 上述三个决定因素都会受到通货膨胀的影响，所以必须知道它们是如何变化和相互作用的。
- 净市场地位，即企业成本与客户支付意愿之间的差额，在通货膨胀期间至关重要，体现一家的核心竞争力。
- 不管是以百分比还是以绝对值的形式，对企业来说，将成本上涨部分全部转嫁给客户通常不是最优选择。买卖双方平摊成本的增量部分，从利润最大化的角度来看对卖方更有利。

- 只有在客户支付意愿大幅上升的情况下，企业才有可能捍卫甚至提升实际利润。
- 除降本增效措施外，企业还应当尝试提升客户价值感知和自身定价能力，以谋取达到提升客户支付意愿的目的。但在通胀情况下企业财务往往捉襟见肘，对实施相关措施构成挑战。

第6章 管理客户价值感知

Pricing Logic

我们时常被问到这个问题："定价的关键是什么？"答案很简单："客户价值。"更为准确的描述是："客户价值感知。"客户愿意支付的价格（相应的卖方收取这个价格的能力）不过是客户心理价值的映射。

早在几千年前的古罗马人对此已经有通透的认知。他们使用的拉丁语中"pretium"一词同时具备"价值"和"价格"两个意思。我们猜想彼时古罗马人的心中或许有着这样一个简单而隽永的等式：

价值 = pretium = 价格

这个等式已然向我们透露定价制胜的黄金准则：价格必须与价值相符。如果能够遵守这个准则，企业经营者就能够做到与严重的定价错误绝缘。从另一方面来看，这一准则对一般消费者也同样适用——"所付即所得"。在中国民间不是也有"一分价钱一分货"或"便宜没好货，好货不便宜"这样类似的说法吗？大道趋同，定价当从客户价值着手。

因此，当通货膨胀来临时，我们希望需要解答的一个迫切问题是客户价值感知会发生什么样的变化？

价值提升

一般来说，企业经营者在通货膨胀期间试图通过提升客户价值感知来提升（名义）价格是一个明智之举。但在通货膨胀期间不管是企业还是个人都或多或少地承受财务上的压力，只能有选择地接受供应商或者零售商的涨价。我们在图 6-1 列举了一些有助于增强客户价值感知的措施[45]。

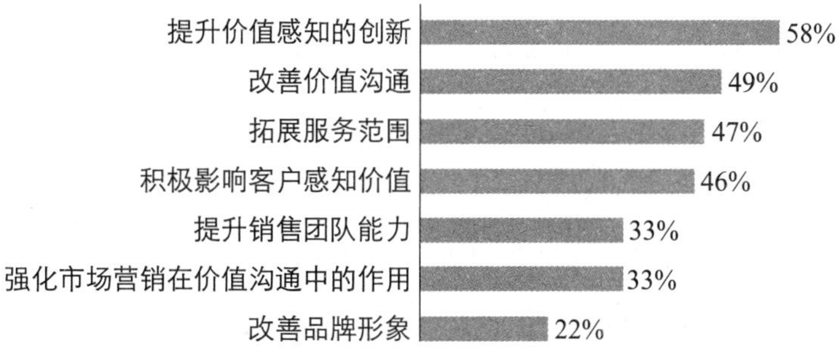

图 6-1 有助于增强客户价值感知的措施

我们想通过图 6-1 传达的一个关键信息在于为了提升客户价值感知，企业经营者必须内外兼修——一方面，用心打造好产品、好服务；另一方面，更多地从客户的角度去理解他们对产品和服务的诉求，并以此为指引去优化产品设计和价值传播。在本章接下来的部分，我们将逐一展开讨论关于如何增强客户价值感知的一些关键措施。

创新悖论

创新无疑是一个时髦词，不管是什么行业的企业都喜闻乐见自己的产品与创新挂上钩，似乎不创新便无法彰显产品品质，似乎不创新便无法为客户创造价值。这种想法本无可厚非。但或许正是因为太多的企业对“创新”有这样的执念，导致创新产品泛滥，创新原有的成色有所褪色。

西蒙顾和管理咨询公司历年来进行的全球定价调研证实了这一猜测：在调研中有70%左右的受访经理人认为他们企业的创新在销售和利润贡献方面的表现并没有达到预期目标。[46] 根据西蒙顾和的调查结果，总计仅有约四分之一的创新真正有助于提高客户价值。换言之，很多所谓的创新产品仅是为创新而创新，并未解决客户的痛点。

德国信息技术、电信和新媒体协会（BITKOM）进行的一项调研也得出了类似结论：仅仅有 27% 的受访者认同数据驱动的创新型商业模式对其企业的运营结果产生了重大的积极影响。

数字创新效果欠佳的主要原因在于：从客户视角看，很多所谓的新产品或数字产品并没有为他们创造真正的价值。制造业领域的数字化是其中的一个重灾区：太多数字产品属于闭门造车的产物，许多内设流程并不符合客户在实际使用场景的习惯，也有些功能太复杂导致学习成本太高使得最终用户望而却步。凡此种种都凸显出不少企业在创新产品开发过程中的前前后后对客户的痛点和价值感知关注太少。

即便在创新流程伊始就照顾到客户的实际痛点，企业经营者也还有其他的挑战需要克服：一个能为客户创造实际价值的创新往往耗时良久，并且需要资金投入，以及对试错不断而求不得的思想准备。

在通货膨胀周期中，企业现金流吃紧，要坚持做到客户导向的创新实属不易。但遗憾的是，创新所需的必要时间不会因为通货膨胀而缩短；客户对创新的预期值和支付意愿也不会因为通货膨胀而降低。

因此，在高通货膨胀的情境下，企业经营者必须做出取舍，在产品创新中抓住主要矛盾——重点关注重点客户的核心诉求。

验证客户核心诉求的最终指标是客户的支付意愿——定价是一个真理时刻——客户嘴上怎么说可以听听，关键在于他们是否愿意付出真金白银为自己说过的话买单。

价值沟通

如图 6-1 所示，许多企业意识到加强价值沟通是缓解价格压力的一项关键措施。价值沟通是一项系统工程，包括营销传播策划、品牌形象管理、销售团队赋能，并最终落实到沟通的形式和具体内容。例如，纸业公司金佰利（Kimberly-Clark）宣布“通过增加营销支出来支持价格上涨。”[47]

我们建议企业在通货膨胀周期中以客户具体的使用场景为立足点，在价值传播中尽量通过简明、可量化的价值主张去打动客户，而不是诉诸“高大上”的品牌情怀与“软内容”。

在通货膨胀期间，所有人都在承压，所以在话术中多一些干货会更容易赢得客户的信任。如果客户关注产品能耗、耐用性、残值等话题，那企业在与客户沟通时就应该着重强调自己的产品在这些方面的优势，并尽可能使用数字或者案例进行佐证。

总的来说，不管是企业客户还是个人客户，在通货膨胀期间进行购买决策时都会比以往更理性，更为偏重当下的收益而不是长期的潜在收益。这些都是企业在设计价值沟通方案时需要考虑的因素。

然而，客户由于自身环境和偏好的差异（不排除认知差异的影响），各自关注的价值点会有差异，这意味着企业经营者不能在价值沟通中一刀切，而需要尽可能地按客户情况定制化；在不具备完全定制化的情况下，应当适当寻找差异中的相似处的最大公约数来进行价值沟通。

价值沟通活动受到企业预算和时间的限制，并且有时难以量化投入产出比。涉及品牌形象转型的活动往往是一项耗时长久结果不确定的任务；转变销售文化——从价格导向的销售转向价值导向的销售——往往会面对很大的内部阻力。

西蒙顾和全球定价调研发现有 46% 的受访者提及影响客户的价值感知是价值沟通的一项重要任务。如果能够改变客户对一件事的底层认知，那么价值沟通可以取得事半功倍的效果，能大幅提高客户的购买意愿和支付意愿。

例如，近几年来我们可以很明显地观察到热泵作为家用石油或天然气加热器的替代品受到越来越多德国家庭的青睐。相比传统加热设备，热泵（含空气泵和地热泵等分类）结合太阳能发电设备的使用可以最大限度地提高能源自给率，更加环保，在通货膨胀中受原油和天然气等燃料价格上涨的影响也更小。

有意思的是，热泵和太阳能发电设备商显然已经意识到自己在一般消费者心目中的心智优势并加以利用，自 2021 年初以来已经多次涨价仍然供不应求，妥妥地跑赢通货膨胀。

增值服务

在图 6-1 中位列第三项最常被提及的措施与服务相关。

如果一家企业此前仅为客户提供极为有限的服务，而同时客户实际上希望能够得到更多更全面的服务，那么拓展服务范围大概率事件会对提升客户价值感知产生正向影响。服务的范畴很广：从售前服务——产品咨询，需求确认，优化意见，个性化订制；到售中服务——订单确认，收款方式选择，收送货服务，安装和调试服务；到售后服务——使用答疑，优化建议，退换货，等等。通常来说，产品越复杂，客户对服务的需求（以及支付意愿）就越高。在外部竞争日趋激烈的当下，通过提供额外的增值服务可以有效地增加客户价值感知，与竞争对手进行有效区分。

客户们大多喜欢增值服务，却不一定愿意支付额外费用。许多企业一开始并没有提供更多服务的一个考虑是成本问题。增值服务不会凭空而来。额外的物流服务和定制服务会产生额外的可变成本；只有有经验的工作人员才能给客户提供好的服务体验。企业在通货膨胀时期利润受到挤压，对成本管控愈发严格，需要增加额外成本才能实现的增值服务很可能无法获批。

因此，企业经营者可以考虑利用有经验的员工的闲置时间来拓展咨询类的服务。这么做有两个好处：首先，减少员工无所事事的情况，维护健康的工作氛围；其次，为客户创造价值，获得新的营收 / 涨价机会。另一个值得思考的措施是开拓数字化服务。

以制造业为例，随着生产流程的智能化和网络化，产生了海量的数据，但是数据的深度分析和闭环应用还方兴未艾。数字化服务可以帮助客户搜集、分析大数据，并从中产生有价值的洞察，从而优化设备运营，提高产能和良品率，可谓潜力巨大。然而相比人工服务，数字化服务的存在感还比较低，导致客户忠诚度不高，支付意愿不确定。

从我们近几年的经验来看，不少设备供应商尽管看到了数字化的潜力，但因为担心无法保障在企业内部成功推动数字化转型所需的资源——不同的组织和管理系统，不同的人才储备和销售方式，等等——而踌躇不前，白白丧失了创造额外收入和利润的大好机会。

在面对通货膨胀带来的巨大利润压力时，任何一家企业都无法承受放弃开拓新的收入来源和提高价格的机会带来的后果。

质量担保

客户的风险偏好为企业管理客户价值感知提供了一个有效的管道。质量担保是影响客户风险感知最有效的方法之一。德国最大的风力发电设备制造商爱纳康（Enercon）正是运用了独特的质保和定价模型获取了巨大成功。

它推出的爱纳康伙伴计划（Enercon Partner Concept，简称 EPC）通过巧妙的设计放大了爱纳康的竞争优势。任何对客户的服务承诺都是有成本风险的。爱纳康独特的无齿轮设计降低了故障风险，是竞争对手难以抄袭的竞争优势。因此爱纳康敢于向客户承诺 97% 的正常使用率，而竞争对手一般最多只能承诺 90% 的正常使用率。理论上，爱纳康的风机可以实现 99% 的正常使用率，因此爱纳康伙伴计划的承诺并不会给它带来额外成本。这是一个制造商和客户双赢的典范，能有效地打消客户的疑虑。

不仅如此，爱纳康在长达 12 年的伙伴计划合同中的前六年只收取正常服务费用的一半。一家新的风力发电场从建成到实现全面运营需要几年的时间，投资者在最初几年的爬坡期常会面临财政拮据的局面。这一举措大大缓解了投资者们的资金压力，解决了他们的痛点。

质量担保对企业来说是一把双刃剑。一方面，质量担保能够降低客户购买门槛，并有机会获得额外的稳定的质保 / 维保收入；另一方面，质量担保在降低客户风险的同时提高了供应商的风险。

于是定价成了关键，质保的价格或者说成本必须与供应商承担的相应风险保持平衡。只有当客户购买质保的价格高于企业为了达到承诺所付出的成本时，企业才有利可图。尤其是在高速通货膨胀的大背景下，质保的成本很可能会失控，大大增加了企业的履约成本；同时，客户也有可能由于受大环境影响而出现支付困难。因此，企业在设计质保合同时必须考虑到上述这些可能的情景，保留在特定情况下跳出合同或者修改合同的特殊条款。

负面例子

至此，我们已经介绍了若干个在通货膨胀大背景下可以用来管理客户价值感知的措施。这里有个很重要的限定词是“通货膨胀大背景下”。管理客户价值感知的措施还有很多，但并不全部适用于由通货膨胀引发的经营危机。事实上，企业在运用这些措施时都必须评估与当下环境的兼容度。

赫尔曼·西蒙撰写的《生机：企业快速盈利的 33 条法则》[48]以 2008—2010 年全球金融危机（本质上是一场需求危机）为大背景，介绍了多个可以帮助企业迅速纾困的，立足于积极管理客户价值感知的措施，其中包括：提供免费的产品试用期，提供宽松的融资和付款条件，扩充产品组合，从产品制造商转型为系统供应商，提供非现金折扣，等等。以上这些紧急措施有助于刺激销售和就业，为需求危机量身定做。

但它们却不适合用来对抗通货膨胀，甚至起到相反的作用。比如，在利率攀升和货币持续贬值的情况下，宽松的融资和支付条款会给企业带来沉重的财务成本；不管是扩充产品组合还是企业转型都耗时良久，并且需要占用大量的宝贵资金；实物折扣很可能会让客户产生标价虚高的印象，对后续的调价造成阻碍。

在日常生活中，我们常可以在服饰品牌店里看到类似这样的广告："牛仔裤180欧元买二送一"。从消费心理学的角度来看，消费者会选择性忽略一条牛仔裤的原价是90欧元这一事实，而直接将牛仔裤的公允价值设定在60欧元。假设通货膨胀持续升温，服饰品牌商不得不将"买二送一"的价格提高30欧元至210欧元。

从理性人假设出发，这对消费者仍是一个不错的选择，只是打折幅度变小了，从原来的67折（60/90）变成了78折（70/90）。可惜理性人假设在现实生活中往往不成立，消费者眼里看到的是16%的涨价，所以调价后的销量很可能会下滑。这个例子从侧面再次证明管理客户心智的重要性。

本章小结

客户的价值感知决定了他们的支付意愿。这一定论在通货膨胀周期中同样适用。具体地，我们提供以下观察供读者参考。

- 客户价值感知是客户支付意愿和企业定价权的基础。
- 积极管理客户价值感知有助于涨价措施的成功实施——挑战在于是否有可能在短时间内影响到客户的价值感知。
- 提升客户价值感知的重中之重是创新。但遗憾的是，根据西蒙顾和全球定价调研结果，有大约 70% 的创新无法达到企业经营者的预期目标，数字服务方面创新的成功率很可能更低。
- 价值感知是现实世界在每个人心中映射留下的影子。因此企业经营者不仅需要创造价值优先的事实基础，更需要以目标客户易于接受的方式向他们沟通产品和方案的价值。
- 提供增值服务和质量担保有助于提升客户的忠诚度和支付意愿，但必须评估相应的收益和成本。建议谨慎行事。

- 管理客户价值感知有多种措施可以选择，其中有一些适用于应对需求危机，但不适用通货膨胀引发的成本和价格危机，其中包括宽松的融资和付款条件、易货交易、实物折扣及其他需要可观的资本投入的措施。

第7章 抢占竞争先机

Pricing Logic

我们在第 5 章中讨论通货膨胀时期的定价逻辑时有意简化了定价中的竞争维度——我们采用了所谓的钱伯林假设（Chamberlin Hypothesis）[49]——即垄断市场上所有竞争对手的行动一致。在这个假设下，竞争对手的定价决策使得他们的总利润最大化，但这个定价决策对于每个单独的市场参与者来说并不是最优的——也就是说他们原本有机会获得更高的利润。

从第 5 章的图 5-1 不难看出企业经营者在通货膨胀环境中必须密切观察评估竞争对手（可能）采取的措施，并相应地调整自己的策略。在本书中，我们重点关注与通货膨胀环境下高相关的几个竞争因素，而不涉及全面的竞争博弈论等复杂概念方面的讨论。我们建议对这方面感兴趣的读者参考经济学和定价相关文献。

图 7-1 展示了我们在第 3 章中提到的古腾堡价格模型的图形。我们可以清楚地看到，古腾堡价格模型对应的价格—销量函数是一条双折线。

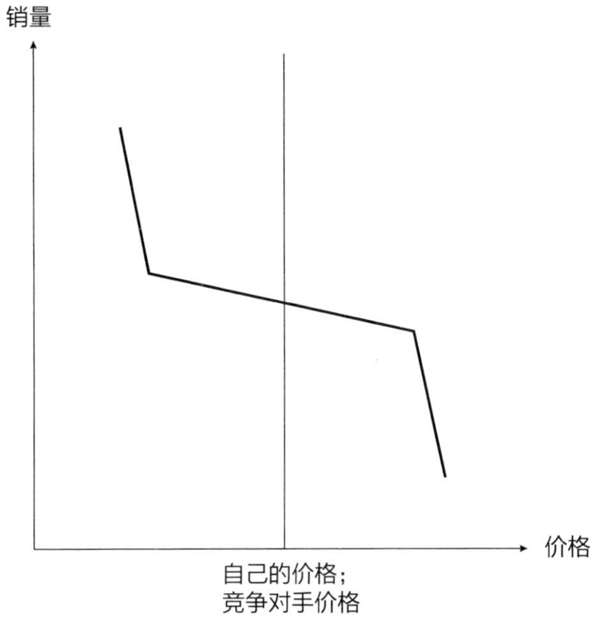

图 7-1 古腾堡价格模型

初始情况下，我们假设自己的价格与竞争对手的价格相同。那现在如果我们调整自己的价格，销量会发生什么变化？答案是取决于调价的幅度。如果调价幅度落在图 7-1 所示的两个折点（又称为价格阈值）之间，那么价格调整对销量的影响会非常有限——也就是说，在价格阈值区间内绝对价格弹性较低。因此，这个价格区间被也称作“垄断区间”。

当调价幅度超出价格阈值区间两侧，价格弹性将显著上升，导致销量出现明显变化。我们在现实生活中观测到的价格阈值区间的边界并不像图 7-1 所展示的那样清晰，走势会平缓些。[50] 但是所谓的类似的“垄断区间”真实存在。

在古腾堡价格模型适用的情况下，企业在“垄断区间”内的价格弹性很小，因此价格调整对销量影响很有限。由此，可以推断较高的价格有助于实现较高的利润。企业经营者对价格阈值的位置了解越深入，就越有可能制定更优的价格策略。一旦越过价格阈值，销量很可能出现断崖式下跌，企业经营者应当知晓相应的风险。

逐步涨价

我们在第 3 章中建议企业经营者采用分多次小幅涨价，而不是一次性地进行大幅涨价。这么做的好处理由是时机。当通货膨胀进入上行区间后，成本增长的浪潮后浪推前浪，没有人可以预料何时通胀才会触顶，正是因为这种高度不确定性，即便是大幅的价格调整也很可能无法一劳永逸。正如之前提到的面包店老板的心得，顾客对大幅涨价的反应会更大。也就是说，一次性大幅调价相比多次小幅涨价将面临更大的销量风险。

刚刚介绍的古腾堡价格模型为敏捷的小幅调价在通货膨胀周期中的优越性提供了进一步的佐证。假设有两家同行业的企业。在进入通货膨胀周期之后，这两家企业采用了不同的价格调整策略。企业甲选择每季度调整价格上浮 3%（处于“垄断区间”内），对应的价格弹性为 -1.3。这意味着每一轮调价，季度销量会下降 4%，全年销量约下降 16%；企业乙选择采用年度调价，一次上调 12%（超过了“垄断区间”的上限），对应的价格弹性上升，假设为 -2，这将导致年销量下滑 24%。通过这个简化的古腾堡价格模型例子可以看出小幅调价对企业来说更具优势。

竞争反应

如果竞争对手在我们调高价格之后也跟着提高了他们的价

格，那么古腾堡价格—销量函数就会向右发生位移，“垄断区间”对应的价格区间整体提升——客户在行业整体价格上行后捏着鼻子接受了这个新常态，达到新的市场平衡点。在这样的情形下，价格上升对销量几乎没有任何影响。反之，如果竞争对手选择按兵不动，甚至逆势降价的话，会给我们的销量带来很大的冲击。因此，在实施调价之前需要对可能的竞争反应进行审慎评估，对可能出现的情况准备好应对的预案。

通货膨胀会对友商的行为产生什么影响，这在很大程度上取决于竞争对手受通货膨胀影响成本上涨的幅度。在大多数情况下，所有同行企业受到成本上涨的影响相似，不得不“同舟共济”。这意味着当通货膨胀爆发时，每一家企业都会采取趋同的涨价措施。如果相关产品在“垄断区间”的价格弹性非常低，那么企业将成本增加的部分按百分比同比全部转嫁到售价上或许是最优的。从外部视角来看，所有竞争对手采用了相同加价率的成本加成定价法。

但是如果不同竞争对手受成本增加影响不同，就有可能出现不同的定价行为。造成同行业不同企业成本受通货膨胀影响差异化的因素包括：地域（生产地点、汇率），原材料成本（原材料构成、采购协议），供应链集成程度（集成程度越高，受外部影响越低），财力（不能排除财力雄厚的竞争对手在通货膨胀环境中利用低价攫取市场份额的可能性）。

2022 年 10 月 24 日北京时间上午，特斯拉（Tesla）官宣，旗下两款主要车型 Model 3 和 Model Y 全系降价。调整后 Model 3 车型起售价为 26.59 万元；Model Y 车型起售价为 28.89 万元（均为补贴后起售价），降价额度在 1.4 万元至 3.7 万元。[51] 参照上述提到受通货膨胀影响差异化程度的因素，特斯拉似乎每一条都占上了，使得它有了逆势降价的底气。这一举措无疑又将国产造车新势力品牌放上了烤架。

价格领袖

每个行业的头部企业或者说行业领袖往往对整个行业都有着巨大影响力，引领行业的发展方向，开辟跨世代的创新产品，尝试全新的营销策略，等等。在行业领袖扮演的诸多角色中一项往往被忽视却又在通货膨胀中尤为重要的角色是价格领袖（Price leadership）。面对突如其来的成本压力，同行业的竞争对手会密切关注行业领袖的一举一动，迫切希望能够从行业领袖那里抄作业。

奥乐齐（Aldi）是德国超商业多个产品品类的价格领袖。很多友商在定价时都会锚定奥乐齐的价格。曾有媒体这样形容奥乐齐的价格领导力："如果奥乐齐提高盒装牛奶售价，那么可以预见很快整个零售业都会跟着提价。"

根据西蒙顾和的项目经验，我们可以证实这一说法的真实性：德国众多商场连锁品牌的头部产品和引流产品的定价都会锚定奥乐齐的定价，日常追踪的单个产品数量可以达到近四位数。由此可见，奥乐齐对于行业整体价格水平和盈利水平的影响力不容小觑，其作为行业价格领袖的责任重大。

无独有偶，全球开门解决方案领先者亚萨合莱（Assa Abloy）的首席执行官 Johan Molin 宣称："我们是毋庸置疑的市场领导者；作为市场领导者我们有义务提升行业价格水平。"[52]

轮胎市场领导者米其林（Michelin）的首席执行官 Florent Menegaux 表示："迄今为止，每个细分市场的竞争对手都在我们提价后提高了他们的价格，无一例外。"[53]

以上奥乐齐和亚萨合莱这两个例子告诉我们，行业领袖有责任也有能力肩负起行业价格领袖的角色，帮助整个行业渡过难关。价格领袖的作用在通货膨胀时期尤为彰显，因为非常时期要求企业经营者更频繁更迅速地形成定价决策。

价格信号

调价总是有风险的，尤其是在涨价的时候。友商会在我们涨价时按兵不动趁机截获更多市场份额吗？他们会单方面大幅降价挑起价格战吗？这些问题的答案存在高度不确定性，企业经营者的犯错概率很大，而犯错的代价是收入和利润大幅滑坡——这样的场景在通货膨胀的大背景下无疑是灾难性的。如果我们面对竞争压力不得不撤销涨价决定的话，不仅有损收入，还会损害公司声誉。企业经营者面对这样的挑战应该如何应对？

一旦我们可以确认不确定性的存在，不确定性本身就变成了一种确定性。企业经营者的任务在于尽可能降低这种不确定性的可能，其中一种有效途径是提前释放价格信号。在计划调价前，企业应该积极寻求向市场发送“信号”的机会，并密切追踪顾客、竞争对手、投资者或者监管部门的反应。

诚然，我们无法排除竞争对手言行不一的可能性，但竞争对手对此也一定会审慎对待，言而无信对任何企业来说都会造成负面影响。所以竞争对手讲不讲“武德”是释放价格信号成败的关键。需要指出的是，释放信号本身并不违法。谨慎地将信息传递给市场中的所有相关群体，包括顾客和投资者等，通常是合法的。需要留意的是，发送的信号不能暗示任何达成某种协议或者契约的意味，诸如：“如果某竞争对手提升产品价格，那么我们肯定会跟进。”

价格战曾困扰德国汽车保险行业多年。2011 年 10 月媒体报道：“德国最大的保险集团安联（Allianz）计划大幅提价，新价格将从 2012 年 1 月 1 日起生效。”其他保险公司旋即发表声明公告他们的提价计划。2012 年汽车保险价格平均上涨 7%。

“预计 2013 年价格会进一步上涨。”安联保险的最大竞争对手 HUK-Coburg 的主席这样预测。汽车保险行业历经多年的价格下降趋势就此终结。

为了将竞争对手诸如降价之类的计划扼杀于摇篮之中，我们可以使用释放信号的方式宣告相应报复举措的可能性。韩国汽车制造商现代汽车的首席运营官 Im Tak-Uk 曾公开表示：“……如果日本汽车制造商为提高销售采取更激进的价格措施，使得我们的销售目标亮起红灯，那我们也会考虑采取更高的客户激励措施。”[54] 这声明背后传达的信息非常清晰，使得日本同行们在再次调价前不得不三思而行。

价格信号不仅仅针对友商，对客户也同样可以起到积极作用。德国快递市场的龙头企业 DHL 的大客户都知道 API 这个有着特殊含义的缩写。每逢年底这些大客户的采购会主动致电 DHL 的销售询问来年的 API，以便于他们编制来年的预算。API 是 Annual Price Increase（年度涨价）的缩写，是一种已经制度化的价格信号——在潜移默化间让客户接受价格上涨是不可避免的。提前通告客户未来的价格调整可以减少不愉快的意外，并降低实施调价时的阻碍。

向客户传递价格信号成功的关键在于上一章中提到的价值沟通——一方面，企业应当提供充分翔实的事实和证据，证明涨价的合理性；另一方面，为了冲淡涨价这个坏消息给客户带来的阴影，企业可以考虑附带提供一些好消息，比如："我们将为关键客户提供额外的增值服务"；"涨价是暂时的，我们将在下个季度末再次进行评估"。

在通货膨胀进入快速上升通道以后，企业也会更频繁地使用价格信号。我们可以从汽车行业很明显地观测到价格信号活动的增加。从 2020 年初至 2021 年 3 月这一段价格相对稳定的时期，五家领先汽车制造商每家平均每季度向市场释放有 3 个价格信号。自从 2021 年春季起，通货膨胀的迹象开始逐步显现，每家汽车制造商每季度释放的价格信号数量一下子跳升到 16。（西蒙顾和价格观测，价格信号由人工智能算法自动在互联网公开信息中捕捉。）

同时受通货膨胀带来的压力影响，越来越多的企业管理层在媒体中提及“定价权”。仅 2021 年第三季度中媒体中定价权的提及频次相比去年同期就增加了 78%。[55] 时间紧迫感是造成这种信号频次急剧增长的主要原因。在通货膨胀中，企业经营者必须迅速而频繁地进行调价。

本章小结

通货膨胀中企业经营者必须掌握关键信息，并快速行动。

- 在通货膨胀期间，竞争对手的战略和定价行为对本企业的价格管理有很大影响。
- 古腾堡价格模型帮助我们分析定价给销量带来的影响：在“垄断区间”内的价格调整对销量影响很有限，在此区间内采用较高价格对企业有利；超出“垄断区间”阈值的涨价可能会诱发销售额和利润急剧下降。
- 同行业友商跟随涨价的结果是古腾堡价格—销量函数向右移动，将“垄断区间”推往一个更高的价格水平。
- 在通货膨胀迅速扩张的大背景下，频繁小幅涨价优于一次性大幅涨价。

- 行业头部企业应该肩负起价格领袖的职责，维持行业价格的合理水平，主导价值竞争而不是价格竞争。
- 合理利用价格信号有助于降低涨价阻力，实现更好的涨价效果。

第8章 把握定价权

Pricing Logic

在市场竞争中，定价权这一概念值得特别关注。

简单来说，定价权指一家企业具备实施能够协助其达到利润目标的定价方针的能力。沃伦·巴菲特（Warren Buffett）认为：

定价权是判断一家公司价值的黄金标尺。[56]

在他看来，一家没有定价权的企业是不具备投资价值的。不具备定价权的企业缺乏竞争壁垒，现时的成功很容易被竞争对手模仿，不可持续，难以复制。

定价权是一个多维概念，涉及企业与客户、企业与竞争对手、企业与供应商之间的关系。从客户角度来看，客户对我们越依赖，对品牌忠诚度越高，那我们的定价权就越强；从竞争角度来看，如果我们的产品的竞争力越强，替代壁垒越高，那我们的定价权就越强；从供应链角度来看，我们对单一供应商的依赖性越小，供应商对我们的依赖性越大，那我们的定价权（议价权）就越强。在我们历年接触过的企业经营者中大约只有三分之一的人认为他们拥有定价权。[57]

近年来，越来越多的投资人开始关注到定价权对企业价值的重要性。比如，硅谷顶流投资人彼得 · 泰尔（Peter Thiel）强调定价权对股东价值的影响，并鼓励创业者和企业家在拓展市场地位的同时夯实自己的定价权。[58]

《华尔街日报》2022 年 4 月 17 日的一篇文章中也提及定价权的重要性："把握定价权有助于推动股票上涨。"

世界最大的啤酒生产集团百威英博（AB InBev）的前首席营销官 Chris Burggraeve 指出："营销的本质是建立可持续的定价权。"[59] 一个品牌的价值最终体现在它的定价权上——能够持续地获取高于竞争对手同类产品的溢价。这一点对于高端或者奢侈品牌来说尤为重要。在高端市场中高价即正义，提价甚至会起到刺激销量的作用（正的价格弹性）。

雅诗兰黛（Estée Lauder）首席执行官 Tracey Travis 毫不掩饰地说："我们是一家奢侈品公司，我们拥有定价权。"[60] 在同行中最赚钱的豪车品牌保时捷（Porsche）的前任首席执行官 Wendelin Wiedeking 也曾发表非常类似的言论。

事实上，拥有定价权的企业要比同行们具备更强的抗通胀性——在纵向来看，你在可以尽量压低上游供应商价格上涨幅度的同时，还可以向下游客户转移成本上升的压力；从横向来看，竞争对手更有可能跟随你的脚步来定价。

在上文提到的《华尔街日报》2022 年 4 月的那一篇报道还分享了这样一个观察：“每逢通货膨胀来临，投资者都会特别青睐那些有魔力的公司。这个魔力的名字叫定价权。”[61]

瑞银银行的投资分析师表示：“我们相信具有定价权的公司能够跑赢美国股市大势。”[62]

行业差异

西蒙顾和管理咨询公司历年来在全球范围展开的定价调研中有一项课题是定价权在不同行业间的差异程度。从图 8-1 展示的结果来看，不同行业间的定价权存在显著差异。[63]

我们由此可以推断，一家企业在通货膨胀中的抗风险能力在相当程度上会受所属行业限制。比如，与生命健康密切相关的医药医疗企业相比其他行业有更大可能拥有定价权，受通货膨胀影响小，有更强的跨越周期的能力。但不是所有行业的企业都有如此幸运。

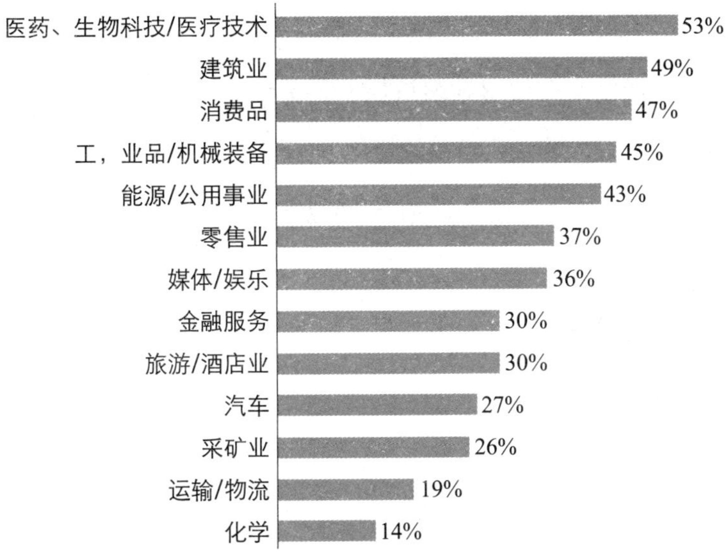

图 8-1 各行业内具备定价权企业的比例

接下来，我们将行业分类的影响先放在一边，先着重探讨定价权在企业层面的影响。

定价权的具化

至此我们还没有给定价权下过一个正式的定义。定价权究竟是什么？它在通货膨胀中扮演什么样的角色？如果你去问不同的人，很有可能得到不同的答案。

经济学家会使用勒纳指数（Lerner Index）——又称为勒纳垄断率——作为定价权的量化指标，[64] 计算公式为：

$$L=(P-MC)/P$$

其中：

L：勒纳指数

P：价格

MC：边际成本

勒纳指数的取值在 0 到 1 之间，数值越大，代表垄断势力越大，定价权也就越强。实际上，勒纳指数表达的是价格偏离边际成本的程度，价格越是高于边际成本，表明定价权越强。

在完全竞争市场，产品同质化，没有任何一家企业可以获得溢价，因此勒纳指数等于 0；垄断市场的企业原则上可以脱离成本加成定价的束缚，制定任意高的价格，因此勒纳指数可以无限趋近于 1（需要指出的是，为实现利润最大化，垄断企业在现实世界中会避免制定过高的价格，在一个特殊情况下——边际成本为零——勒纳指数会等于 1）。企业实现利润最大化的充分条件是边际利润等于边际成本。在这一条件下，勒纳指数与价格弹性的绝对值互为倒数，数学表达为：

$$\frac{P-MC}{P}=-\frac{1}{E_d}$$

受篇幅限制，我们在这里不展开具体的数学推导。上述等式被称作勒纳条件，等式左边为勒纳指数，等式右边分数中的分母 Ed，即价格弹性。

价格弹性是销量变化百分比与价格变化百分比的比值，通常为负数。在勒纳条件下，价格弹性绝对值越小，勒纳指数越高。我们由此可以推断，低价格弹性会给企业带来更强的定价权。尽管这个数学推论是如此的简洁优美，但遗憾的是我们面对的真实世界并没有这么简单。勒纳条件的一个核心假设是价格弹性为一个常数。但绝大情况下，价格弹性会随着价格的变化而变化。[65]

接下来，我们将再次借助古腾堡价格模型来诠释定价权对企业在通货膨胀期间经营结果的影响。与图 7-1 中展示的古腾堡定价模型不同的是，我们在图 8-2 中对比两种不同的情境，分别是定价权较弱和定价权较强的情况。我们在图中用虚线表示后者，实线表示前者。

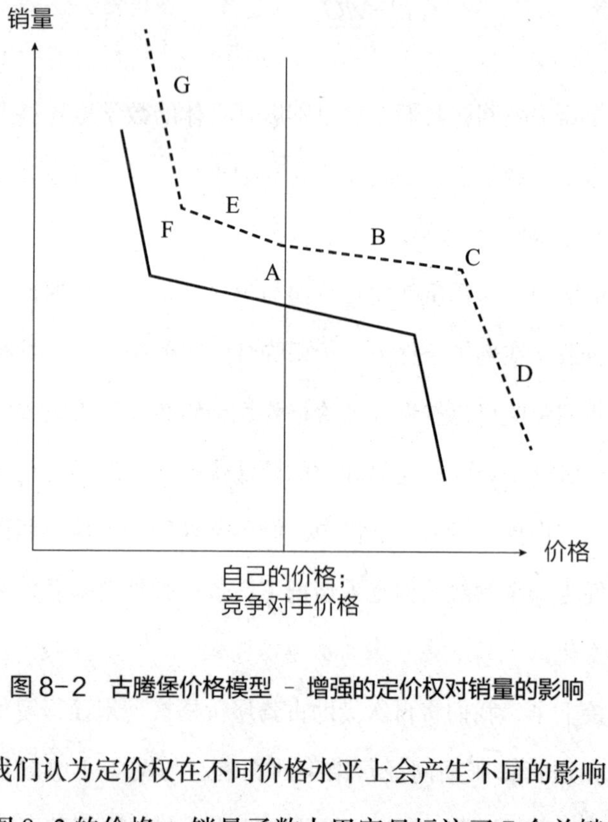

图 8-2 古腾堡价格模型 - 增强的定价权对销量的影响

我们认为定价权在不同价格水平上会产生不同的影响。我们在图 8-2 的价格—销量函数上用字母标注了 7 个关键定价节点。我们将逐一解释定价权在这些定价节点对销售产生的影响。

A：在初始价格水平，定价权的增强可以帮助企业实现更高的销量。

B：在较高的价格水平，可以看到定价权的增强使得价格－销量曲线出现一定程度的向上弯折，价格弹性趋弱。这意味着在同样的涨幅情况下，具有更强定价权的企业销量下滑的幅度较小。

C：定价权的增强推动“垄断区间”的价格上限向右侧移。这意味着具有强定价权的企业在涨价时有更大的缓冲地带——较大幅度调价的销量风险减弱。

D：涨价幅度突破“垄断区间”的价格上限，销量出现大幅滑坡。更强的定价权或许能够提供一定的缓冲，减弱价格－销量曲线下滑的幅度。但是我们预计定价权在这里的影响不如在 B 点明显。

对于通货膨胀中的价格管理来说，B 点和 C 点最为相关，值得企业经营者特别关注。增强定价权对保护销量和利润的影响显而易见，给企业提供了更大的战略选择空间。

我们建议企业一般情况下不要一次性涨价突破到D点的位置，这样做带来的销量风险太大，仅在出现极端的成本增加的情况下才有考虑的意义。

在初始价格左侧的E、F、G三点在通货膨胀中出现的概率较低。除非一家企业有着极低的成本或雄厚的金主，可以利用通货膨胀期间友商们涨价的时机，通过逆向价格操作来扩大（购买）市场份额。在此种假设下，更强的定价权可以帮助企业处于更有利的位置，因为定价权的增强使得降价时的价格弹性放大，这意味着企业可以从同样的降价幅度获得更大的回报。

同时，与涨价时的情形相同，"垄断区间"的价格下限也会向右侧移。需要指出的是，在古腾堡价格模型下的利润最大化可能出现在两个价格点上。其中一个位于"垄断区间"的价格上限。另一个价格点有可能出现在"垄断区间"左侧的折线上，前提是销量大幅提升的同时能够提供正向的边际贡献。这一点在通货膨胀时期成本上涨的情况下很难实现。然而，我们不能完全排除采取激进的价格政策的可能性与其合理性。

定价权的反面

卖方定价权的另一面是买方的议价权。具有强议价权的买方能够强迫供应商接受较低的价格。汽车行业中的整车厂通常具有很强的议价权。一家汽车整车厂会有成百上千家中小型零部件供应商。绝大多数零部件都会同时由多家供应商供应（Multi-sourcing，多源采购），这降低了整车厂的替换成本，为整车厂在与供应商的谈判中添加了筹码。因此供应商通常处于弱势地位，很难将成本增加转嫁给汽车整车厂。

事实上，在几乎所有整车厂使用的供货合同中都会有要求供应商逐年“降本增效”的格式条款，并且会具体到每年的降价幅度——又要马儿跑，又要马儿不吃草。有一些小型的供应商绝大部分销售收入依赖于一两家客户，想要和整车厂议价更是难上加难。

但即使在汽车行业中也有例外。一些提供关键零部件的中小型供应商也有机会与整车厂掰一掰手腕。全球汽车门锁系统技术领导者凯毅德（Kiekert）在与福特（Ford）谈判破裂后，决意停止向福特供货，导致后者德国工厂的生产线被迫停产数日。对整车厂来说，大概没有什么比生产线停产更令人头疼的事情了。

由于整车厂对供应商的“压榨”，近年来汽车行业中类似凯毅德断供福特这样的事件绝非个例。但公平地说，汽车终端市场竞争相当激烈，整车厂承压也很大，它们必须要在控制成本和保障供应链之间找到平衡点。这种来自终端的压力通过供应链向上传递，影响到汽车行业所有的上下游企业，在一定程度上促进了整个行业的协同合作和专业化发展。

2022 年由于原材料及能源价格迅速飙升，汽车供应商都承受着巨大且不断扩大的成本压力。其中许多供应商们也试图要求整车厂修改供货合同，提高进货价格。从我们的项目经验来看，如果供应商能够提供有说服力的数据作为依据还是有机会从整车厂那里得到一定的补助的。

除了汽车整车厂以外，商超连锁企业是另一个历来具备强大议价权的群体。它们的议价权的基础是对终端渠道的控制。以德国为例，Edeka、REWE、Aldi 和 Schwarz（含 Lidl 和 Kaufland 两大品牌）这四家商超集团占据了德国商超业 85% 的市场份额。其中 Edeka 通过一系列并购不仅是德国最大的商超连锁集团，也是欧洲最大的食品零售商。

2018 年 Edeka 与全球最大的食品制造商雀巢（Nestle）之间爆发价格纷争，这两家企业的年销售额均达到 700 亿欧元的量级，因此被称为“巨人之争”。在雀巢拒绝接受 Edeka 的条件后，Edeka 的首席执行官下令让总计达 163 种的雀巢产品从所有 Edeka 的超市货架上下架，并威胁如达不成协议将下架更多雀巢的产品。[66] 商超连锁企业敢与知名品牌供应商对抗的底气也源自多源供货——同一种商品往往有多个品牌供应商可以选择，并且知名的商超品牌自带流量，可以用自己的白牌替换第三方知名品牌。而白牌的利润率通常也会更高。

时间快进到 2022 年，Edeka 又被卷入与另一家巨头公司可口可乐的价格纠纷。这次是因为通货膨胀的原因，可口可乐要求 Edeka 提高进价，遭到了后者的拒绝。这次是作为供应商的可口可乐决定停止向 Edeka 供应产品。[67]

无独有偶，德国知名的果汁生产厂商 Eckes 也因为相同的原因中断了向 Edeka 的供货。[68] 与雀巢和可口可乐这样的大厂不同，Eckes 的年营业额不足 10 亿欧元，以德国的标准来看还属于中型企业的范畴，但小体量也可以有大力量去对抗甲方。

刚才提到商超连锁企业的议价权来自对渠道的控制，也就是说它们是品牌流量池的重要入口。但是随着电子商务的日益普遍，传统线下的商超连锁的流量池入口地位正受到威胁。随着品牌商通往终端客户渠道的选择日益增多，包括以线下业态为主的商超连锁企业在内的零售商巨头的议价权将逐步削弱。这一现象在电商、微商、网红发达的中国已经非常明显。

公开账簿政策

有些拥有强大议价权的甲方会要求供应商在报价时依照由甲方指定的模板逐项列出产品的各项成本细分，并且会规定单个采购项目的利润率——以汽车行业的经验来看，这个利润率通常是个位数。在汽车行业，这已经成为一个约定俗成的做法。有些整车厂还会实施所谓的公开账簿政策（Open Book Policy），由财务或者采购人员审查供应商的账簿，检验核对供应商的实际成本。

以我们定价顾问的角度来看，这是一个相当霸道的做法。这一举措的本质是：甲方剥夺了乙方自主定价的权利，乙方的价格只是一个基于成本加成的计算公式的结果。在由甲方指定的成本加成的定价模式中不存在乙方体现其产品独特性或者创新价值的位置。这看上去是一个压缩成本的好办法，但聪明的供应商渐渐在与整车厂多年来的斗智斗勇中学会如何从规则中寻找漏洞，采用虚报成本等方式制衡甲方。

从长期来看，采用如此严苛的方式也不利于战略合作伙伴关系的建立，对甲方来说也不一定是好事。越来越多的企业已经意识到唯有全产业链上下游的企业进行协同合作，才有可能为客户创造最大价值，把蛋糕做大。

从西蒙顾和的项目经验来看，我们也曾亲历有些掌握核心技术的中小型企业主张自己的定价权，拒不接受甲方的公开账簿政策并且获取成功的个案。由此可见，定价权其实与企业规模并没有直接的关系，稀缺性和独特性才决定了定价权的底色。

通胀与定价权

我们已经知道定价权是成功实施提价的重要前提。那问题来了：定价权从何而来？企业经营者又该如何增强自己的定价权。

在我们看来，获取并提升定价权是一项系统性工程，涵盖了企业经营流程的方方面面，包括：产品质量、创新、设计、服务、客情关系、传播沟通、分销，自然还有品牌管理。可以看出，提升定价权所涉及的这些要素与我们在第 6 章中关于客户价值感知管理颇有相似之处。

参考苹果（Apple）这样具有极强定价能力的企业，我们就会发现苹果在上述所有这些因素表现出来的专业性和效率领先于大多数的企业。定价权是日积月累的企业经营结果的外在体现。苹果的定价权也不是一蹴而就的，而是靠一代代的 iPhone、iPad、Apple Store 等卓越产品和背后的不断努力一点点堆砌起来的。

开始培育定价权最好的时间是十年前，其次是现在。

拥有强大定价权的公司更有可能顺利度过通货膨胀，但想要在通货膨胀周期开始后迅速提升定价权几乎是不可能的。定价权的提升除了需要时间以外，还需要大量资金的投入。很遗憾，在通货膨胀期间不管是时间还是资金对企业来说都是稀缺资源。在需要迅速决策的通货膨胀期间，企业经营者的当务之急是客观评估自己企业的定价权，尤其是“垄断区间”的上限阈值。需要指出的是，每个企业都有多个“垄断区间”。

定价是多维的，相应地，一个定价权在不同维度上会呈现出不同的差异。典型的维度包括：产品（强势产品 vs 弱势产品），客户（头部客户 vs 长尾客户），地区（优势地区 vs 劣势地区），等等。越是在大势困难的时间，越是要精细化管理，不能一刀切。即便是定价权较弱的企业，也不能排除在个别细分市场具备较高定价权的可能性。

从西蒙顾和历年来定价项目的实践来看，一家企业正确评估自己的定价权是一件很困难的事情。

第一，很多企业缺乏评估定价权的客观数据（比如客户信息、竞争对手信息、市场趋势等）；

第二，企业内部不同部门管中窥豹，对于定价难以达成共识（底层原因往往是管理层战略不够清晰）；

第三，销售团队往往缺乏与客户议价的信心和知识储备（我们有时戏说长时间服务某一家客户的销售人员各种行为更像是客户的员工）。

管理层参与度

我们的经验显示，管理层对价格管理的关注程度与这家企业的定价权成正比。在西蒙顾和管理咨询公司的一项跨地区研究中，有 82% 的受访者表示近年来管理层对定价管理的关注和参与程度有所增加，相应地，企业的定价专业程度也得以提升。[69]

我们的研究发现，在有高管参与价格管理的企业中有 35% 的企业表示它们拥有定价权；而在没有高管参与价格管理的企业中仅有 26% 的企业表示它们具备定价权，相差了近 10 个百分点。表 8-1 中展示了若干个关键指标与企业高管参与价格管理之间的关系。

表 8-1 企业高管参与价格管理对关键指标的影响

关键指标	高管参与价格管理的企业	没有高管参与价格管理的企业
卓越定价权	35%	26%
涨价成功率	60%	53%
税息折旧及摊销前利润率	15%	11%

我们建议企业的首席执行官或者老板应该对价格管理倾注更多的时间和精力，但这并不包括让他们亲自参与与客户的价格谈判。以我们的经验来看，首席执行官躬身入局太深通常不会带来福报。

有一家大型物流服务公司的首席执行官有每年拜访汽车行业大客户的习惯。这些客户公司的首席执行官们在会面时会几乎无不意外地提起价格问题，并成功从这位物流服务公司的首席执行官那里获得额外的价格折让。这往往使得销售团队长达数月的努力付诸东流。

之后，我们建议这位首席执行官停止这些年度拜访活动。他采纳了我们的建议，价格和利润率得到了相应的改善。

本章小结

关于定价权，企业经营者应注意以下几点。

- 定价权是帮助企业获取合理利润而施加更高价格的能力。
- 具备强定价权的企业更有可能安度通货膨胀的难关。
- 开始培育定价权最好的时间是十年前，其次是现在。
- 近年来越来越多的职业投资人已经关注到定价权对企业价值的影响。
- 西蒙顾和研究显示仅有大约三分之一的企业表示拥有卓越的定价权。
- 定价权越强，价格弹性越小，价格“垄断空间”越大，因此可以实施的价格涨幅也越大。
- 与卖方定价权相对的是买方的议价权。汽车行业的整车厂是典型的具有强大议价权的例子。

- 相比整车厂，商超连锁企业由于电商的迅速发展，流量池入口的重要性正在下降，削弱了曾经异常强大的议价权。
- 定价权无法一蹴而就，是企业历年来经营结果的外在呈现，需要时间和资金的积累。这意味着在通货膨胀的当下，企业经营者的首要任务是正确评估自己企业的定价权。
- 企业往往无法客观评估自己的定价权。
- 企业应该从多个维度评估定价权，发掘细分市场价格优化机会，这在通货膨胀周期中尤为重要。
- 高管参与价格管理有助于提升定价权和经营表现。但他们应该回避与客户的具体的价格谈判。

第9章 数字化挑战

Pricing Logic

数字化和互联网正在渗入我们生活的方方面面，在使得世界更加紧密连接的同时也给定价管理带来一项重大挑战：价格透明度急剧提升。

大概十年前，搜集价格信息还是一件异常痛苦并且几乎不可能完成的任务——难以获得准确的数据，整个过程耗时、昂贵而且结果还往往不可靠；现如今，一般民众都可以轻易在手机上即时查看对比产品价格和其他相关信息。因此，不仅仅产品价格变得透明，产品价值的透明度也在增加。价格透明度和价值透明度对通货膨胀中的价格管理都有着深远的影响。

价格透明度

在前互联网时代，人们在搜集价格信息时得打电话给多个供应商，探访不同的零售门店，或者购买纸质的市场信息报告。回头来看，仿若隔世。而作为数字原住民的 Z 世代可能已经很难想象二十年前的这番情景。

随着数字化的迅速发展，越来越多的国家和地区正在进入信息平权时代。价格信息的可得性和精准性都得到了极大的改善，商家越来越难以利用信息不对称来获取超额利润。以德国为例，消费者们可以从多个免费的产品比较网站和手机应用上轻松获取各种各样产品的价格信息，比如，preisvergleich.de、preis.de、check 24.de、preissuchmaschine.de、billiger.de、guenstiger.de、idealo.de，以及谷歌购物频道等。

此外，还有专门针对某些特定的产品品类的比价软件。比如，在汽车租赁方面有 Billiger-mietwagen.de；在旅游出行方面有 expedia.de、opodo.de、kayak.de、booking.com、weg.de 等；在理财产品方面有 Bankrate.com；Spritpreismitor.de 提供德国全境内加油站的油价信息，信息以每分钟 1 次的频率更新。

70% 的德国民众使用价格比较软件或者网站，其中以 20 至 59 岁的男性最为活跃。最常被用来比价的产品品类是度假产品（48%），紧随其后的是电力和天然气合同（47%）、电子产品和家居用品（45%）、保险合同（42%）、手机合同（39%）、机票（35%）和酒店（32%）。[70]

智能手机的普及打破了不同销售渠道之间的无形壁垒，消费者在实体门店购物时可以方便地对照同款产品在线上门店的价格。根据一项研究，全球有 40% 的消费者在线下商店使用手机比较价格。韩国人（59%）、中国人（54%）和土耳其人（53%）最常使用智能手机比较价格。[71] 消费者用手机应用程式 barcoo 扫描货架上产品的条形码就可以了解临近店铺里该产品的售价。淘宝内置的相机功能可以自动辨识眼前或照片里的商品并在平台里找到相对应的产品，价格信息一览无遗。

除非是一些关键产品（与安全性能相关，客户有高度的品牌或者渠道依赖），消费者大多会选择较便宜的产品。这使得渠道价格差异化越来越困难。尽管品牌商不同渠道的销售成本不同，但这不足以作为让消费者支付溢价的理由。

大约四五年前，我们与客户还时常会有关于线上线下渠道价格是否应该统一的讨论。时至今日，关于这个问题的讨论已经基本上尘埃落定。全渠道营销和统一定价已是大势所趋，除非在产品和服务层面有所差异，渠道间的差异化定价已经很难实施。这一点在中国市场尤为明显，并且先于欧美市场。

除了比价软件的兴起之外，社交媒体是另一个推动价格透明化的推动力。麦当劳（Mcdonald's）曾试图将芝士汉堡的价格提高 39 美分，但遭到了顾客的强烈反对。在 48 小时内，脸书（Facebook）上有大约 80,000 名粉丝抵制麦当劳涨价，后者不得不撤销了涨价计划。[72]

有些网站不仅可以在被调用时“被动地”比较价格，而且可以主动发送“价格警报”。比如，idealo.com 和 geizkragen.de 会实时监测用户指定产品的价格，一旦产品价格下降，网站就会主动向用户推送消息。在旅游出行平台搜索酒店价格不是什么新鲜事，很多人已经习以为常。同时，线上出行预订有一个普遍痛点：在预订的时候你可以确保选到最低的产品价格。但是你不知道的是这个价格是否在你出行之前还会不会发生变化。如果在预订之后发现价格降低了，你会不会懊恼早下单了？为了解决这个痛点，trip-rebel.com 在你完成预订后会继续跟踪预订酒店房间的价格变化。如果价格在出行前下降了，那预订系统会自动取消之前的预订，以最新的较低的价格重新进行预订。如此这般，用户可以确认他们支付的是一个货真价实的“最低价格”。这大概是我们当下能看到的价格透明度的最高阶的形式了。但是随着搜索引擎和机器学习技术的发展，不排除价格透明度将进一步提高的可能性。

我们接下来讨论价格透明度的提高对价格—销量函数的影响。

首先，随着产品价格透明度的提高和信息不对称的消除，市场份额会发生一次重新分配——低价的供应商将受益，销量上升；高价的供应商会受损，销量下降。我们在图 9-1 中用带有问号的垂直箭头来表示这一情况。

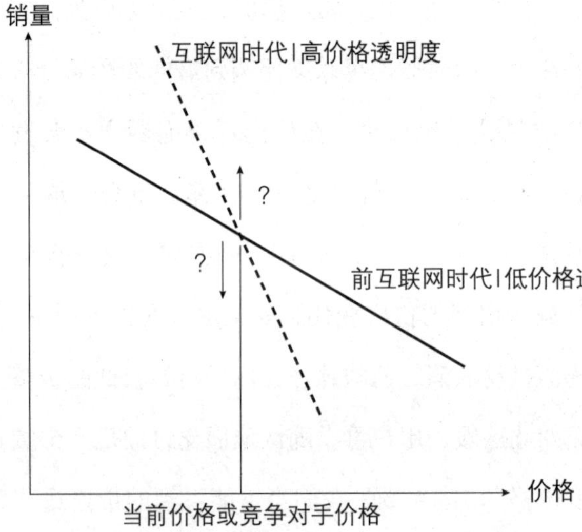

图 9-1　高价格透明度对价格—销量函数的影响

其次，我们认为高价格透明度还会使得价格—销量函数的斜率变大，曲线变得更陡峭，见图 9-1 中展示的虚线。降价（采用比竞争对手更低的价格）会引发更显著的销量增加；同时，涨价（采用比竞争对手更高的价格）会带来更严重的销量下滑。

在通货膨胀环境中，理解价格—销量函数的右半分支尤为重要。互联网和数字化带来的更高的价格透明度使企业涨价变得更加困难，特别是在竞争对手不效仿的情况下。价格—销量函数斜率变大意味着涨价带来的边际贡献增加不足以弥补销量的下降，导致利润减少。价格—销量函数左半支同样也变得更陡峭，这对于有着显著成本优势的企业来说是个利好消息，它们在通货膨胀时期可以通过保持原价格不变甚至降价从竞争对手那里赢得更大的市场份额。

上述关于价格透明度的讨论也适用于更复杂的古腾堡价格模型（参见图 7-1）。价格透明度的提升导致价格变化两侧的价格弹性上升，相应地，价格—销量函数所有四条折线都会变得更陡峭。价格透明度的提升还会使得客户价格敏感度提升，这意味着“垄断区间”在两端都会受到挤压。右侧阈值向初始价格或竞争价格靠拢，压缩了企业再涨价的安全空间，稍微不慎就会掉出“垄断空间”，引发销量大幅滑坡。高价格透明度加大了企业在通货膨胀期间涨价的难度。

面对如此严峻的挑战，企业经营者应该如何破局？

答案就在第 6 章中介绍的古罗马人的等式中：

价值 = premium = 价格

互联网不仅提升了价格透明度，同样提升了价值透明度。接下来，让我们来看看价值透明度的提升对陷入通胀困境中的企业又会带来什么样的影响。

价值透明度

互联网的普及带来更高的价格透明度，给企业经营者带来新的难题，尤其是在通货膨胀期间高价格透明度对企业的影响愈加明显。但我们认为，互联网和数字化的进程也会影响到价格的另一面——价值透明度也将提升。从长远来看，价值透明度的提升会给企业管理带来更加深远的影响。

正如《线车宣言》(The Cluetrain Manifesto)一书所指出的那样，互联网使得用户们以前所未有的速度、广度和深度进行沟通。买家对卖家或产品的好评或差评都变得透明化，任何有兴趣的人都可以看到。[73]

汉斯·多米茨拉夫（Hans Domizlaff）曾在他的 1982 年发表的一篇论文中勾勒了“年集商贩”和“本地商人”这两类卖家的画像。[74] 年集商贩只会在村里一年一度的年集上出现。他往往会以高价贩卖劣质产品。当客户第二天发现产品质量问题想要来找商贩理论时才发现他早已不见踪影了。当他再次出现在第二年的年集时，客户已经不记得去年的事了，以至于可能会再次上当；而本地商人绝对不会像年集商贩般行事。如果他以高价售卖劣质产品，全村很快就会传遍这一消息。本地商人的一举一动完全在村民们的放大镜下，他必须依靠好的产品积累好的名声，才能获取客户的信任，并获得持久盈利的机会。[75]

关于“年集商贩”和“本地商人”的例子和从中引申开来的内涵在互联网时代仍有其现实意义。在信息透明化的地球村里，“年集商贩”型的卖方生存空间被大幅压缩（利用技术不断更换“马甲”的不良商贩是个例外），只有“本地商人”类型的卖家才能获得持久的成功。无论是亿贝网（Ebay）上的卖家，缤客（booking.com）上的酒店运营商，优步（Uber）上的司机，还是 Yelp 上的服务提供商，都很难通过降价来消除负面的用户评价。

在前互联网时代，卖方与买方之间信息不对称，买方与买方之间信息不通畅。在互联网时代，数字化和社交媒体串联起这一个个信息孤岛，使得一般消费者也可以获取更多和更可靠的价格和价值信息。高价低质的产品的缺点在互联网时代会很快被曝光，因此很难存活下去。反之亦然。优质、价格合理的产品会在用户中更快地传播和被知晓，获取像 40 年前“本地商人”在村里享受的信任红利。

当然，我们不能完全排除操纵在线反馈和评论的可能性，但是随着各个平台加大对此类违规操作的监控和打击，制造传播假信息的成本会越来越高。同时，用户在一定时间的积累之后也能够识别明显的假评论；描述详尽配有照片的真实评论往往也会得到用户更大的关注。

所谓的“信任标志”（Trust marks）在价值透明度中发挥了重要的作用。在本质上，这些并不是什么新鲜事。年长的美国读者肯定会熟悉“产品质量许可证”（Good Housekeeping Seal of Approval）。这是1909年首次使用的信任标志，至今仍在积极颁发。此类认可印章由好管家（Good Housekeeping）或欧洲的值得信任商家（Trusted Shops）等服务机构在对供应商进行仔细检查后颁发。它们为消费者在情感上提供了一定程度的安全感。

马斯克（Musk）在收购推特（Twitter）后不久就宣布将在当地时间2022年11月5日正式推出全新订阅服务，向用户提供蓝色认证标记（“蓝V”），防止用户冒充公众人物和杜绝机器人假用户。[76]

接下来，我们通过图9-2来说明价值透明度对销量的影响。为了方便讨论，我们首先需要界定两种不同的产品：优势产品和劣势产品。优势产品是高品质，受到用户普遍好评的产品；劣势产品是低品质，受到用户普遍差评的产品。

从图9-2可以看出，高价值敏感度将对这两类产品产生不同的影响，并且在原点两侧的曲线是不对称的。我们用点虚线来表示高价格透明度情况下的优势产品，用短划线来表示高透明度情况下的劣势产品。

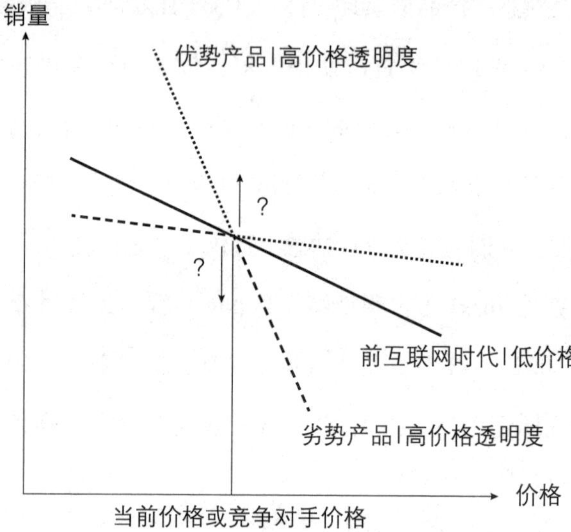

图 9-2　高价值透明度对价格—销量函数的影响

首先，与图 9-1 情况类似，我们预期随着产品价值透明度的提高，市场份额会发生一次重新分配——优势产品的供应商将受益，销量上升；劣势产品的供应商会受损，销量下降。我们用带有问号的垂直箭头来表示这一情况。

其次，在高价格透明度情况下，一方面，价格—销量函数会往向着优势产品有利的方向变化：

- 降价（采用比竞争对手更低的价格）会引发更显著的销量增加，价格—销量函数的斜率变大，价格弹性变大；
- 涨价（采用比竞争对手更高的价格）会引发较小幅度的销量下降，价格—销量函数的斜率变小，价格弹性变小。

另一方面，劣势产品在价值透明度提高后，显得无处遁形，降价难以拉动销量，涨价很可能导致销量大幅滑坡。

我们同样可以在古腾堡价格模型的框架体系下来分析高价值透明度对价格—销量函数的影响。我们预期优势产品的“垄断区间”变大，劣势产品的“垄断区间”变小——价值透明度的提升加强了优势产品供应商的定价权，削弱了劣势产品供应商的定价权。价格和价值透明度的提高帮助客户更全面地掌握产品相关的信息（修正 / 纠偏他们的价值感知），使得他们可以更理性地进行决策。

从本质来看，客户的价值感知决定了企业的定价权。客户的价值感知越高，企业的定价权就越高。在互联网时代，信息透明度的提高是踏踏实实做企业的经营者的福报——企业的核心竞争力来源于以经济的方式解决客户痛点的能力——高价格和高价值透明度会进一步夯实优秀企业的竞争力和定价权。

然而与定价权相似，价值感知难以在一夜建成。等到通货膨胀来临时再临阵磨枪收效甚微。企业经营者的要务在于正确评估客户价值感知，并且寻找速赢机会——根据我们的经验，速赢机会大多存在于消除认知误差。

零边际成本

数字化的一个显著特征是提供服务的边际成本趋向于零。美国经济学家和社会理论家杰里米·里夫金（Jeremy Rifkin）认为这是一种极具革命性的现象。他在《零边际成本社会》（The Zero Marginal Cost Society）一书中提出：零边际成本可能最终导致资本主义的萎缩甚至消亡。[77]

他的理由是价格接近边际成本。如果边际成本接近零，那价格也将趋向于零，没有一家资本主义企业家愿意在这样的价格情况下继续生产。由此产生的市场空缺必须由第三方填补，如国家或非营利组织。而这将是资本主义的句点。

里夫金指出，零边际成本范式已经在渗透我们的生活。比如，慕课（MOOC），即大规模开放在线课程（Massive Open Online Courses)，风能、太阳能发电设备，以及诸多共享经济领域。在共享经济中，闲置的私人房间或汽车主人可以与他人分享资产的使用权，并获取回报。毫无疑问，共享经济现象并不是全新的，但由于互联网的出现，它以前所未有的速度发展着，将对商业模式和价格水平产生重大影响。

在现实中，边际成本真正为零的情况很少见。里夫金在他的书中使用的确切描述是“接近零的边际成本”，而不是绝对的零边际成本。当边际成本为零时，利润最大化时的价格与收入最大化时的价格是相同的。在其他条件相同情况下，极低的边际成本更可能触发价格战，最终导致短期价格水平无限接近边际成本。当边际成本为零或接近零时，这意味着短期内的价格水平下限同样接近于零。当边际成本为零时，迫切需要流动性的卖方可以将其价格设定为略高于边际成本（即略高于零），但仍可赚取边际贡献并产生现金流。

我们在共享单车、共享充电宝市场兴起之初已经见识过资本主义的疯狂和任性——在短期内我们甚至见到了负价格——竞争对手急于抢占客户，扩大市场份额，不惜花钱买用户。共享经济的疯狂过去后留下一地鸡毛，诸多初创企业在钱烧完后黯然退场，共享单车金字塔般的坟冢至今令人触目惊心。

我们不应该忘记一个重要事实：边际成本决定的是短期的价格水平。长期的价格水平由总成本决定，即边际成本和产品分摊到的固定成本总和。长久来看，没有任何一家企业能仅依靠边际利润存活下来；总边际利润必须高于固定成本，这是获得利润的唯一途径。所以里夫金描绘的关于资本主义末日实际上很难实现。毫无疑问，极低的边际成本将加剧价格竞争，但是一家企业要生存下去，必须要赚取经济利润，光靠烧钱是烧不出一家长青企业的。非理性的价格竞争脱离了客户价值基本面，创造了本不应存在的需求。但再美丽的泡沫也会有破灭的一天，正如我们在共享单车市场所见证的那样。

那么零边际成本和通货膨胀之间有什么关系？如果边际成

本为零或接近于零，那么通货膨胀对价格的影响很小，因为价格下限保持在或接近于零。实现利润最大化的价格水平等于或接近实现收入最大化的价格水平。如果通货膨胀周期中顾客的支付意愿提升，将推动实现利润最大化的最优价格水平上行。然而，通货膨胀也会导致企业的固定成本上升。这意味着企业需要更大的销量才能达到盈亏平衡点。假设一家企业在通货膨胀中边际成本保持在或接近于零，固定成本增加，我们可以根据客户支付意愿变化情况区分以下两种情况：

- 客户支付意愿不变：实现利润最大化的最优价格保持不变，但实现盈亏平衡所需的销量增加。
- 客户支付意愿增高：最优价格随之上升，新的实现盈亏平衡所需的销量取决于固定成本和支付意愿的相对增幅。

整体而言，极低的边际成本使得数字产品对通货膨胀相对不敏感，数字产品企业与高边际成本的传统企业相比短期内的通胀压力较小。然而，固定成本的上升增加了销售压力。在通货膨胀期间，客户的预算吃紧，想要大幅提升销量是一件非常美好但是不太现实的事。

本章小结

互联网的普及和数字化给价格管理带来挑战和新机遇。

- 数字化导致信息透明度的急剧提升。不管是价格，还是价值的信息不对称正在逐步缩小。
- 随着价格透明度的提升，价格—销量函数的斜率和价格弹性变大。通货膨胀触发的价格上涨更难以实施，尤其是当友商按兵不动不提高价格的时候。
- 高价值透明度对优势产品和劣势产品产生不同影响，价格—销量函数和价格弹性呈现不对称反应。
- 高质好评的优势产品价格弹性下降，提价空间更大，销量下降幅度变小，同时定价权得到提升。
- 劣质差评的劣势产品在高价值透明度的市场环境中生存困难，降价作为竞争武器的作用基本丧失。
- 当边际成本为零或接近于零时，利润最大化的价格位于实现收入最大化的价格水平。零边际成本对通货膨胀有抑制作用。然而，由于固定成本受通胀影响增加，实现盈亏平衡所需的销量增加，销售端将承受巨大压力。

第10章 调整定价战术

Pricing Logic

在本章中，我们将讨论如何采用定价战术来对抗通货膨胀。我们会看到大部分定价战术在稳定的价格环境下同样适用。当发生通货膨胀时，一些市场因素会发生变化。例如，低收入人群比高收入人群更容易受到高通胀率影响调整他们的消费行为。企业经营者在及时调整价格水平的同时也应该考虑采取其他价格相关措施。

价格调整条款

价格调整条款是抵御通货膨胀一个基本而有效的方法。价格调整条款通常与某个代表通货膨胀的价格指数挂钩，当价格指数达到或超过某个事先约定的阈值的时候，将触发自动的价格上涨，免去了与客户重新进行价格谈判的麻烦。

一般来说，价格调整条款在企业间合同里比较普遍。比如在商铺租赁合同中会有这样的标准条款："如果月消费者价格指数与租赁合同签署时或最后一次租金调整后相比上升或下降幅度超过5%，那么租金将同比进行调整。租金变更自指数变更发生当月自动生效。"在这个条款里，双方约定触发租金调整的阈值是 5%。尽管价格调整是双向的，但近几十年来还未出现过如此大幅度的通货紧缩 / 价格下降。

上述例子中租金与价格指数按相同比例变化，按月调整。也有的价格调整条款约定供应商自己必须承担部分成本上涨的风险。沿用商铺租赁的例子：如果价格指数上涨 10%，租金只能增加 7%。根据价格指数和租金相对变化的不同，房东和租户按不同比例分摊通货膨胀带来的风险。一般情况下，房东们会期望每年调整一次租金。然而，在 2022 年通货膨胀率将近 10%，按年调整的比例对房东不利。如果按月调整的话，房东可以有机会在一年内多次提高租金。

之前我们提到在 B2B 环境中的业务合同中包含价格上涨条款司空见惯，也非常有必要。例如，货运公司在与客户的长期运输合同里一定得包含燃料价格上涨条款，不然难以控制运营风险。一台货运卡车的油箱容量是 1,300 升。在 2022 年春季发生的燃料价格暴涨期间，柴油价格比上一年同期水平要高出 0.5 欧元或更多。这意味着一箱油的成本将上涨 650 欧元以上。如果一家货运公司的长期运输合同里没有燃油价格上涨条款的话，那它在这样的通货膨胀情况下将无法生存。

在德国的工业品供货合同中的价格调整条款通常会基于官方发布的价格指数。其中的一个重要数据来源是联合国欧洲经济委员会（UNECE）的价格数据库，它包含了各种主要原材料和劳动力成本的变化趋势。但在实际操作中，如何确定不同价格指数的权重和基准并没有通行的惯例。即便是同一个行业，每一家企业的成本结构也有所不同，所以单独生产要素成本通货膨胀对不同的产品价格的影响是不同的。

实践中供货合同双方通常会使用“行业平均值”作为界定价格调整的基础。需要指出的是，价格调整条款在降低乙方成本风险的同时，给甲方的预算计划带来不确定性，因此许多甲方在可能的情况下会坚持供应商至少在未来的一定时间保持价格不变。此外，供应商通常不愿意充分披露价格组成 / 成本结构，因此甲方和乙方就价格上涨条款的谈判有时也会耗时良久。

即使在合同里约定了价格调整条款，乙方们也无法高枕无忧。以下这个例子来自一家汽车供应商的真实案例。因为产品的主要原材料中铜的占比较高，所以该企业选择将价格调整条款与铜价挂钩。然而，产品其他原材料的成本趋势及客户支付意愿与铜价走势大相径庭。在铜价持续大幅上涨后导致该企业的产品价格越来越没有竞争力。本意是要起到保护作用的价格调整条款反而变成了作茧自缚。

近年来，区块链技术通过所谓的“智能合约”（Smart Contracts）进一步推动了价格调整条款的自动化应用。智能合约是存储在区块链上的程序，在满足某些条件时执行。对于价格调整条款来说，当消费者价格指数、某种原材料的价格指数等达到临界值时，价格调整的指令将被自动触发，无需任何中间人参与，也不会浪费时间。智能合约还可以自动化工作流程并在满足条件时触发下一步操作。

价格调整条款与定价权在时间维度上有相似之处。企业经营者必须在通货膨胀开始之前就采取行动。通货膨胀开始后，想要说服甲方修改合同十分困难。在企业间通过合同约定价格调整条款相对容易。针对消费者的价格调整条款往往会受到许多法律条款的制约而更难以实施。

如果没有价格调整条款

消费品企业使用价格调整条款的情况并不普遍。早些年德国法规对商家调整价格的约束相对较少。电信公司、水电公司或其他各类使用长期合同的服务提供商通常可以单方面修改合同里的价格条款并书面通知消费者新价格开始实施的时间。如果用户在指定时间内没有以书面形式表示反对，这将被视作默许价格调整。近些年来这方面的法规开始更像偏向消费者保护。比如，德国联邦法院于2021年4月27日裁定，银行业的价格调整必须得到客户的明确确认后才能生效。如果客户不同意涨价，则业务关系将自动终止。

有一些服务提供商试图通过狡计绕过法规的门槛。2022年德国健身连锁店McFit宣布将会员费从19.90欧元/月提高到24.90欧元/月，涨幅达25%。McFit在每个健身房的入口处放置了一块牌子，上面写着："通过入口处的闸机即表示你同意接受新的月费。"消费者协会认为这种做法是不妥当的，并且要求McFit给予用户事后拒绝涨价的权力。

在另一些消费品行业，未经客户明确同意的价格上涨依然普遍，比如报纸和杂志。报社或者杂志社仍然通过媒体里一则简单的公告来宣布涨价信息——它们通常会将成本增加和保证高质量作为涨价的理由。一般情况下，订阅客户无法议价，如果他们不愿意接受新价格的话，只能用取消订阅来表达他们的不满。

整体而言，在消费品领域，商家、品牌商、服务提供商比作为客户的普通消费者相对强势，即便没有价格调整条款也具备较强的定价权，这一现象在强势品牌和寡头市场中尤为明显。有时候，消费者也会因为出于节省麻烦的缘故，默默接受合理范围内的调价。

另一方面，工业品企业就没有这么幸运了——一般情况下，它们的客户会有较强的议价权。如果供货合同里没有价格调整条款的话，可能会给双方都带来非常不愉快的后果。在德国，建筑商总包商和政府客户通常会要求供应商提交固定价格报价，不接受在合同内加入价格调整条款。

这一惯例在 2022 年当下的通货膨胀大周期中带来了大麻烦——很多建筑项目缺少分包公司和工匠来投标。原材料和人力成本从 2022 年起就不断攀升，很少有公司愿意承担这样的成本风险，更不用提个体工匠们了。

2022 年 5 月出现了一桩通货膨胀引发的官司。美国电动车初创公司 Rivian 在法庭起诉供应商 Commercial Vehicle Group。理由是后者要求将其供应的汽车座椅价格从最初商定的 775 美元提高近两倍。这些座椅按计划将安装在亚马逊（Amazon）的 100,000 台厢式货车上。[78] 这是一个两难的境地：如果 Commercial Vehicle Group 维持原价，它可能会被沉重的成本压力压垮而导致破产；如果 Rivian 同意支付双倍的价格，那么它的项目财务可行性测算就得从头来过，更糟糕的是作为客户的亚马逊很可能不会为此买单。

价格差异化

本章接下来介绍的定价战术都围绕同一个目标，即利用不同客户间支付意愿的差别实施差异化的价格策略。让我们先通过图 10-1 来说明价格差异化的重要性。

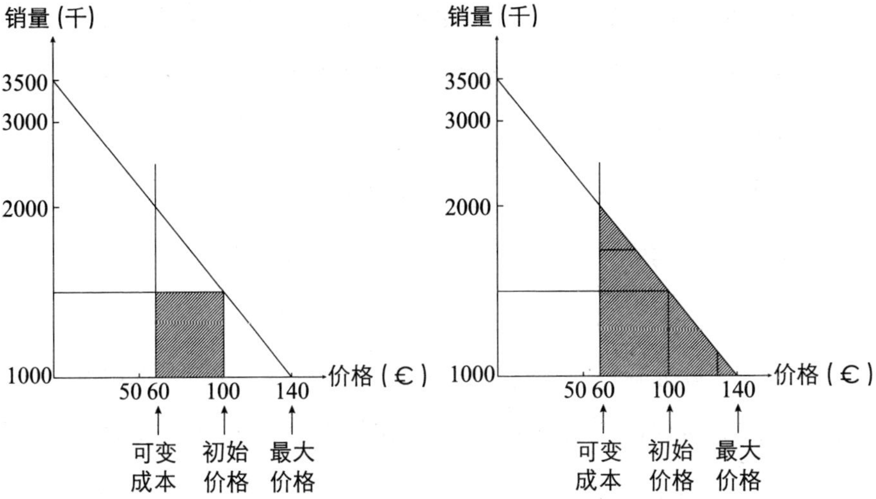

图 10-1 价格差异化——从利润矩形到利润三角形

图 10-1 分成左右两个部分，分别代表两种不同的价格策略对利润的影响。左边部分为统一价格：产品售价为 100 欧元，销量为 1 百万件。单位可变成本为 50 欧元，由此产生的 4,000 万欧元的利润贡献在图中用阴影矩形表示。在扣除 3,000 万欧元的固定成本可知税前净利润为 1,000 万欧元。这是统一价格假设下企业创造的利润。

图的右边部分对应差异化的价格策略。让我们来假设有这样一个理想的情况：企业知道并且可以按照每个客户（或客户群体）的支付意愿来定价。考虑到企业可变成本和客户最大支付意愿，企业会将实际的定价区间定在 60 欧元和 140 欧元之间。这样得到的利润贡献达到 8,000 万欧元，是之前的两倍，在图中用阴影三角形表示。在扣除固定成本后，我们将获得 5,000 万欧元的税前利润，相比采用统一价格策略，利润提高了 4 倍。我们在一开始就提示这是一个理想情况，从利润矩形到利润三角形是一个正确的愿景，但很可能不是现实中能够到达的目的地。

让我们乘坐时光机器暂时回到几千年前的集市。那时的商品没有价格标牌。个体商贩们试图通过经验根据顾客的样貌打扮来揣测他们的购买力和支付意愿，并按人报价。在如今的互联网时代，你可能听说过有些电商平台会根据用户的 IP 地址、终端设备、浏览历史等信息进行客户画像，并以此为基础来实施差异化定价。但是这种做法争议很大，有价格歧视的法律风险。

正如我们在第 9 章中介绍的，互联网时代带来的信息透明化对于一般消费者更为有利。他们可以很容易地在网上查到各类价格促销信息，这给实施价格差异化带来更大的操作难度——一个理性人会在下单前确认她 / 他买到的是全网最低价，这一现象在“双 11”或者“6.18”这样的大型购物季尤为明显——在这样的情况下，差异化将形同让利消费者，并对利润产生负面影响。

从上述的讨论可以看出，价格差异化可以给企业带来丰厚的潜在回报，但并非没有风险，并且在实施中会遇到挑战。单纯的以价格为唯一差异点的做法很难行得通——即便卖家可以识别某一个客户具有更强的购买力和更高的支付意愿，但从客户的角度来看:“我有钱，但我不傻；我可以花更多的钱，但不能瞎花钱。”

因此，为了合理化价格差异化策略，企业需要从产品的其他维度去做区分，并借此将有不同支付意愿的客户做细分隔离（用英文术语来表达就是 Fencing）。产品的其他维度又可以包括狭义和广义两个层面。

狭义的产品维度包括产品包装、设计、功能等；广义的产品维度包括附加服务、分销渠道、时效等。需要指出的是，“细分隔离”的颗粒度越细，企业要付出的产品差异化努力就越大，也意味着要付出的成本就越大。这也是阻碍实现“利润三角形”的一个重要原因。

价格差异化在通货膨胀期间的作用会发生什么变化？在通货膨胀进入稳定的上升渠道后，客户会形成产品将持续涨价的心理预期，他们对至少部分产品的支付意愿将会被动地上调。不同客户对相同产品的价值感知有差异。对产品认同度更高的客户更有可能接受涨价，从长远来看，他们对品牌的忠诚度也就越高。

所谓的“杀熟”悖论就是基于这个原理——品牌要求忠实用户用钱包来证明他们对品牌的热爱。企业经营者需要考虑的是有多少忠实用户经得起这样的考验，是不是可以有产品维度上的差异化去配得上要求忠实用户支付的溢价。

我们在前文提到过通货膨胀对低收入人群的影响更大，对高收入人群的影响较弱。低收入人群可能因为预算的缘故在通货膨胀期间减少甚至放弃购买某些产品；而对于富裕阶层来说，通货膨胀对他们的生活影响很有限，通货膨胀率对他们来说只是一个数字，他们的支付意愿很可能与通货膨胀率同比变化。

收入差距决定的支付意愿鸿沟将在通货膨胀期间被进一步放大。这意味着以低收入人群为主要客群的产品调价应当更谨慎一些。从商业收益考虑，如果涨价幅度过大，客户可能会彻底放弃购买，企业会失去收入和利润。从商业道德角度来看，平稳大众生活必需品的价格调价幅度有助于企业美誉的提升；同理，以高收入人群为主要客群的产品调价幅度可以在合理范围内稍大一些。

上述这些讨论在一定程度上也同样适用于工业品领域。除了少数产品品类，典型的工业品定价采用的是谈判价格，而不是统一价格。因此，工业品市场的价格透明度往往较低，供应商实施价格差异化的可能性和可行性更高。相关案例研究请参见本书第 12 章。

在本章接下来的部分中，我们将介绍一些较为复杂的价格差异化策略。我们将聚焦于通货膨胀这个大背景。对这些价格差异化策略的底层逻辑感兴趣的读者请参考相关文献。[79]

较便宜的替代品

应对通胀驱动的更高价格敏感度的一种策略是所谓的较便宜的替代品（Less Expensive Alternative，缩写为 LEA）。为建立与主品牌间的防火墙，控制内部销量侵蚀风险，LEA 通常会以不同的品牌名进行行销。

一家世界领先的特殊化工品公司发现其特有的硅基产品正在逐渐失去竞争优势。竞争对手的低价仿制品对这家行业龙头公司产品组合中多达 7,000 种的产品带来重大威胁。面对竞争挑战，这家化工公司的管理层决定维持主品牌的价格水平，同时创立一个较便宜的副品牌，价格定位比主品牌低 20% 左右。这个副牌几乎不提供任何服务：不提供任何个性化定制服务，仅接受整车产品订单，不接散单，延长的发货期从 7 天到 20 天不等。

在实施 LEA 策略后，这家公司取得了两位数的营收增长。

营业额在 4 年时间里从 23 亿美元激增到 64 亿美元，利润从负的 2,700 万美转正到 4.75 亿美元。LEA 与主品牌形成联动，成为这家公司新的增长引擎。

必须指出的是 LEA 绝非万能药。LEA 策略是否成功受诸多因素影响。LEA 争取到的实际上是市场上那一批因为预算问题无法选用主品牌的客户群体，他们虽然对产品品质有比较高的要求，但是预算有限。在通货膨胀的情况下，预算有限的客户群体会受到更多的预算限制。因此如何精准定位目标客群，有的放矢地做减法是 LEA 策略成功的一个关键因素。

另一个特别需要注意的话题是与主品牌之间的防火墙。防火墙成立的基础是存在可行的产品或者附加服务差异化调整的可能性。如果产品或服务的调整对客户来说都无足轻重，那么副牌其实是个伪命题，侵蚀主品牌收入和利润的概率会大大增加。

心理账户

2017 年诺贝尔经济学奖获得者理查德 · 塞勒（Richard Thaler）在前景理论（Prospect Theory）的基础上提出了所谓的

“心理账户”（Mental Accounting）[80]。根据这一概念，消费者会将“收益”和“损失”分别记入不同的心理账户。每个账户都有自己的收益和损失价值曲线。账户根据不同的类别定义，例如，食物、度假、兴趣爱好、汽车或礼物。这种分类有助于消费者计划他们的支出并对预算进行总体把握和控制（例如，“我将在度假时最多花费 X 元”）。支出行为和价格敏感度则因账户而异。

心理账户的分类和体量并不是一成不变的，会受外部刺激影响发生变化。当前我们正在经历的这一轮 2022 年开始的通货膨胀与 2019 年暴发的新冠流行病无缝连接，这对消费者的消费心理和习惯产生了明显的影响。正如我们在表 2-2 中看到的，在当下有超过半数的德国消费者会在平时购物时更关注价格。相比之下，仅有 18% 的受访者愿意减少在度假方面的开支。

旅游业专家 Martin Lohmann 评论说：“传统上，度假对于德国人来说像是圣杯一样的存在，人们愿意并且乐意为好的度假体验付费。就我自己而言，我也不想省度假的钱，我希望能够犒劳自己。同时，当我发现超市里能多益（Nutella）榛子巧克力酱的价格上涨 30% 时，我很可能转而购买货架上超市自有品牌的榛子巧克力酱。”[81]

《华尔街日报》也报道：“因新冠疫情在家里被困已久的人们迫切希望在一切恢复常态后能够外出旅游，为此他们愿意支付高昂的费用。”[82] 就算是高涨的通货膨胀也无法抵消人们被新冠压抑已久的一些核心需求，比如外出旅行，去电影院和饭店与朋友相聚，去国外与亲朋好友重聚，等等。为了实现这些目标，他们会愿意调整自己的开支习惯，重新分配心理账户，把预算留给他们人生中更重要的事情。

尤其是在通货膨胀这样的特别时期，企业经营者需要保持对目标客户心理账户的敏感度。如果一个产品被划归到相对重要的心理账户，这意味这个产品的需求将更具韧性，企业会有更大的调价空间，反之亦然。

小包装 vs 家庭装

在通货膨胀期间，消费者的现金流吃紧，预算受限。所以那些被视作非必需品的产品，比如零食、糖果、香烟、饮料等的消费需求很可能会被压抑。很多快消品牌为了绕过这个障碍会采用减少尺寸（缺斤短两）的办法，在保持原有价格的同时，减少包装内的产品容量，以达到缩减成本的目的。

即使在价格平稳期间，国际烟草公司通过调整容量来实现曲线涨价的做法在欧洲市场已经是司空见惯的做法。大包装香烟（香烟支数 30 支以上）涨价的形式往往是通过减少相同包装内的卷烟数量来实现。假设去年一个大包装的香烟有 40 支，今年变成 39 支，到明年很可能变成 38 支或者 37 支。这么做的底层逻辑是实证发现卷烟的支数弹性小于价格弹性——由于支数减少引发的销量下滑小于同样幅度价格上涨引发的销量下滑。消费者并非完全对烟草商的“价格骗术”不知情[83]，然而对于瘾君子来说，不直面现实或许更容易与自己和解。

减少尺寸的做法并不一直奏效。德国知名的咖啡零售商 Tchibo 就不幸撞墙了。当 Tchibo 将咖啡豆的标准包装尺寸从 500 克减少到 400 克时，媒体和消费者的反对声异常激烈。Tchibo 迫不得已收回这一调整，重新恢复 500 克的原包装。

总体来说，消费群体对减小包装尺寸的做法爱恨交加。爱的是不用增加额外支出，恨的是得到的实际收入减少。很难一概而论，减少产品包装尺寸在短期内对销量的影响。从长期来看，我们认为消费者对这样“投机取巧”的手段会产生反感，对品牌价值会产生负面影响。所以，中高端品牌应该审慎使用包装尺寸。

在通货膨胀期间也有品牌商逆势而为，它们不减小包装尺寸，反而加大售货单位，但是会提供更实惠的价格。比如购买 1 包厕纸需要 5 欧元（5 卷），购买家庭装 20 卷厕纸仅需 15 欧元。像厕纸之类的产品属于刚需产品，消费者在购买时的心理负担较低——他们或许会比较不同品牌的价格，但他们最终一定会购买，并且在可预见的未来需求稳定。

提供价格实惠的大包装有助于刺激消费者的囤货行为。这是一个双赢的局面。对于消费者来说，这是切实的实惠，不会担心瞎花钱；对于制造商来说，在可能有透支未来 / 侵蚀未来销售额之虞的通胀环境下，“双鸟在林不如一鸟在手”，大包装更有助于市场份额的扩张，可谓“一石三鸟”。

价格阈值

价格阈值指某个特定的价格点。调价一旦超过这个价格点，销量将发生明显变化。价格阈值可以视作需求曲线上的一个拐点。典型的价格阈值位于整数位，如 1 元、5 元、10 元或 100 元。这是为什么很多商家选择将产品价格勘定在这些门槛值以下，价格以 9 结尾的原因。

尽管类似这样的案例层出不穷，但是关于价格阈值普遍化的效应仍然缺乏具备说服力的科学证据。哥伦比亚大学的伊莱·金兹伯格（Eli Ginzberg）教授早在 1936 年就曾研究价格阈值效应。1951 年，企业经济学家乔尔·迪恩（Joel Dean）报告了一家邮购企业尝试测试不同价格阈值的结果："结果让人吃惊得毫无规律可循——将价格从 2.98 美元调整到 3 美元，销量时而大幅提升，时而下滑。没有明确的证据证明某个特定的价格会推动销量有显著提升。"

2003 年诺贝尔奖获得者、英国经济学家克莱夫·格兰杰（CliveW.J.Granger）和安德烈·伽柏教授（Andre Gabor）在 1964 年提出的一项假设：人们之所以相信价格阈值效应的存在是因为所有人都在这么做。换言之，存在即真理。[84]

在价格稳定时期，商家们一般会避免在调价时突破价格阈值，特别是 1,000、10,000 这样的整数位。在通货膨胀进入稳定的上升通道后，突破价格阈值带来的销量风险相对变小。原因有以下几个：

竞争对手迫于成本压力更有可能越过价格阈值；消费者在多次体验到各类产品的价格门槛被打破后开始调整心理预期；此外，在通货膨胀严重的情况下，消费者原有的价格参考体系被打乱，突破价格阈值成为自证预言。

因此，我们建议企业经营者在通货膨胀迅速恶化的情况下，应该迅速行动，不应将价格阈值作为价格调整的障碍。推迟决定只能让情况变得更糟糕，因为不断上涨的成本使得突破价格阈值只是一个时间问题。

折扣游戏

请想象这样一个场景：一件产品的正常零售价是 70 元。商家可以在吊牌上直接标价 70 元，也可以标价 100 元，然后在产品上放上显眼的促销提示：

限时特价，7 折优惠

你猜，哪一种标价会对普通消费者更有吸引力？答案是第二种。尽管我们知道所谓的折扣很可能是个噱头，这个产品很可能只值这个价。但是虚幻的折扣给消费者带来的满足感和幸福感确实是真实的。消费者的非理性行为是可以预期的。

高面价 + 高折扣，这样的定价模型正是利用了人们的这种心理。如果折扣能够起到强大的促销作用，那就是行之有效的。我们知道消费者虽然不理性，但是他们也不傻。在有些高价高折扣用烂的行业，比如服饰业、家装业，消费者对折扣已经渐渐麻木，在这样的情况下，折扣成为“行业惯例”，刺激客户需求的作用已经非常有限了。

在通货膨胀的大环境中，高价高折扣的有效性更值得商榷。特别是当目录价格是明码标价，但是折扣却是不透明的时候，提高目录价格很容易增强客户的不安全感和不信任感，导致客户流失。相比之下，一个更有效的做法是：保持面价不变，但减少打折的幅度，实现变相的涨价。根据前景理论（Prospect Theory），折扣幅度减少导致的负面感受会少于直接的价格上涨，因此前者的接受程度会相对更高。

汽车研究中心（Center for Automotive Research）的一项研究显示，2022 年春季德国市场乘用车的平均折扣为 16.3%，为十年来最低。[85] 在通货膨胀中，企业经营者不仅应该减少现金折扣，同时也应该缩减类似“买三送一”这样的实物折扣。减少赠品节省下来的成本有助于降低应对通货膨胀所需的价格上涨幅度。

谨慎行事

本章讨论的定价战术的共通点是价格差异化。价格差异化是帮助企业穿越通货膨胀周期的一个有效武器，具有巨大的盈利潜力。然而，价格差异化也意味着改变——你很可能得调整产品策略，调整传播方式，调整营销方式，等等——但是在实施前我们很难判断调整措施是否真的能够影响到客户感知和实现既定的效果。

我们有一些专门的方法论和工具，如联合测量和大数据分析等，帮助企业更好地去进行预判和决策。由于篇幅关系，我们不做具体的展开，感兴趣的读者请参考相关文献。[86] 尽管如此，我们在这里想提出一种企业通常情况下可以自主应用的方法：定价实验。

在全面实施价格调整前，企业经营者可以选择一部分产品、一部分客户或者一部分地区来进行验证。如果销售主要在线上进行，还可以实施 A/B 测试，测试不同定价方案 / 价格水平的效果。不管采用何种方式，定价实验的目的是帮助企业避开重大错误——定价措施一旦全面实施，就不那么容易逆转了。

我们建议企业经营者在通货膨胀中保持敏捷的同时应该谨慎行事。

本章小结

我们提醒企业经营者在通货膨胀中调整定价战术时注意以下几点。

- 价格调整条款在通货膨胀期间可以自动触发价格调整，而无需与买家再另行谈判。从供应商的角度来看，价格调整条款非常值得拥有。
- 区块链技术的出现进一步提高了价格调整条款的自动化和智能化。
- 价格差异化是定价管理的菁华。统一价格很少情况下是最优的选择。只有通过差异化的价格才能捕捉到不同客户差异化的支付意愿，获取更大的收入和利润。
- 通货膨胀会对低收入和高收入客群的支付意愿产生不同的影响。由于目标人群可支配预算的差异导致的价差在通货膨胀条件下很可能会放大——企业经营者需要差异化价格调整幅度，或者考虑为前者引入较便宜的替代品。
- 价格差异化成功的一个前提是对客户的细分隔离（Fencing），可以从产品的狭义和广义两个层面来实施，避免出现高支付意愿客户向下购买更便宜的产品的情况。

- 通货膨胀可能会导致客户的心理账户重新分配。客户愿意为属于更重要的心理账户的产品承受更高的价格涨幅。
- 对于预算受到限制的客户来说，减小包装尺寸但价格不变是一个不错的选择；对于企业来说，虽然收入没有增加，但成本减少了。另一种相关的策略是采用大尺寸的家庭装，锁定客户在一段时间内的预算，对改善企业现金流也有帮助。
- 在通货膨胀期间，维持高面价 + 高折扣并非明智之举。建议考虑维持原价，但是减少打折幅度。
- 我们建议企业经营者在通货膨胀中保持敏捷的同时应该谨慎行事，在全面实施新的定价方案前进行充分分析和价格实验。

第11章 引入定价创新

Pricing Logic

得益于信息技术和互联网的迅速发展，最近三十年间的定价创新比过往三千年加起来的定价创新还要多。定价创新在企业对抗通货膨胀的战役中具有重要意义，但是它们的优势和具体的实施形式可能会因通货膨胀而发生变化。

一个例子是目前广泛使用的免费增值（Freemium）模式。顾名思义，采用免费增值模式的产品至少有两个版本，其中一个是免费的基本款，另外一个是需要付费的增值版本。免费版本不受通货膨胀影响，价格为零；增值版本受通货膨胀影响，价格会上升，导致其相对吸引力降低。

在本章中，我们将介绍如何在通货膨胀中运用一些典型的定价创新。

动态定价

动态定价通过采用一定的算法规则会根据供需情况实时调整价格。调整价格的频率可以每秒或每分钟，就像在证券交易所一样，也可以是每日、每周或按季节性波动进行。在航空、酒店和旅游等服务行业动态定价已经成为主流的定价方法，是收益管理（Yield Management）的核心环节。

普遍采用动态定价的企业有个共通点是固定成本占总成本的绝大部分。成本短期优化空间非常有限，定价是影响企业业绩最关键的抓手。所以它们更愿意为价格管理的专业化进行投资，采用动态定价这样的方式来优化资产利用率，提升收益。

希尔顿酒店（Hilton）首席执行官克里斯托弗·纳塞塔（Christopher Nassetta）表示："我们每天每秒都可以重新定价。"[87]

已经广泛应用动态定价的行业在通货膨胀中将处于有利位置。因为客户们在通货膨胀前就对频繁的价格变化习以为常，所以不太会有固定的参考价格体系，在通货膨胀来临时也相对更容易接受涨价。

这点在加油站的油价上体现得很明显。德国加油站的油价变化十分频繁，在一天内就可能发生多次变化。2022 年以来，受通货膨胀和俄乌战争影响，油价波动更是频繁，并且上升趋势明显。在高峰时油价曾一度超过 2.5 欧元 / 升的高位，相比同期上涨 30% 以上。因为车主之前已经有了涨价预期，同时媒体也预测汽油价格将在短期内保持高位，所以你其实很少会听到车主抱怨涨价。但他们的行为会发生变化。一方面，通过 Spritpreismitor.de（参见本书第 9 章）等渠道更加密切地关注价格变化；另一方面，减少不必要的出行和减少在高速公路上把油门踩到底的次数。

动态定价在价格稳定时期和通货膨胀时期有一个显著的差别。在没有通货膨胀的时候，价格的动向是双向的，可上可下；而在通货膨胀期间，价格通常只会上升。相应地，消费者的价格参照系和行为也会发生变化。一旦消费者认定通货膨胀已经进入稳定的上行区间，他们决定购买的时机不是等待价格下降（一个在通货膨胀期间等不到的时机）而是满足刚需（比如必须驾车外出，但是油箱空了）。

随着机器学习模型的进步和计算能力的增强，定价算法正在变得越来越聪明，然而不管机器有多聪明，仍然受人类意识主导。动态定价运转机制的源头是算法规则。如果人类给出的规则出现纰漏，机器是否能够预见并给出正确的答案？很难。除了技术上的挑战，动态定价的伦理道德也常常受到人们的质疑。Uber 和滴滴们在用车高峰时收取的溢价真的合理吗？如何确保公平？

由此可见，建立一个相对完善的动态定价系统不是那么容易的事。想要在通货膨胀开始后找一个能够即插即用的动态定价管理系统是不现实的。

而对那些在通货膨胀前已经运用动态定价管理价格的企业来说，它们有必要重新检查下动态定价算法里设定的参数是否匹配高通胀的外部环境，需要进行的典型的调整包括加大成本变化在价格调整公式里的权重，并加快调取成本信息和调价的节奏。

多维定价

有一些定价模型有多个组成部分，我们称之为多维定价模型。公共事业公司多采用多维定价模型，比如水电费或电信费，在价目表中通常都含有基础费用和可变费用两种价格。

广受欢迎的德国铁路优惠卡（Bahncard）是一个成功的多维定价案例。最早由西蒙顾和在 1991 年设计的 Bahncard 是一种乘客优惠卡，有效期为 1 年。乘客在支付一定费用后，即可凭卡在每次乘坐德国铁路时享受相当可观的价格优惠。Bahndcard 25 用户每次可享受 25% 的购票优惠，Bahncard 50 用户每次可以享受高达 50% 的优惠。

在这个二维的定价模型中，Bahncard 的年费是基础费用，车票是可变费用。2022 年 Bahncard 50 的价格约是 492 欧元 / 年（适用于一等座）、244 欧元 / 年（适用于二等座）[88]。基础费用和可变费用在通货膨胀中受到的影响有差异。以年费方式支付的 Bahncard 50 是一次性费用，购买的是在 1 年内享受 5 折优惠的期权。因为是预付款，所以不受通货膨胀影响。而在接下来的一年中，车票受通货膨胀影响可能会经历多次涨价。

Bahncard 50 用户由于享受五折优惠，因此票价上涨影响只有一半影响到他们。这可能意味着这个打了五折的票价仍然处在古腾堡价格—销量函数的“垄断区间”内，涨价不会引起太大的销量变化。而对于那些 Bahncard 的乘客将不得不承受所有的涨价。因此，Bahncard 50 用户对火车票涨价的负面反应要小得多。

此外，多维价格模型也给企业在调价中提供了更大的灵活度。多维价格的各个组成部分对应的价格弹性是不同的。比如，经过我们的分析，我们发现在 Bahncard 这个例子中，Bahncard 价格（基础费用）的价格弹性的绝对值低于车票价格（可变价格）。因此，德国铁路公司如果要涨价的话，应该将涨价中较大的比重放在 Bahncard 上。

事实上，德国铁路公司确实也是这么干的。从 20 世纪 90 年代之初的第一代 Bahncard 算起，除了极少数年份（如 2009 年全球金融危机，2020 年全球新冠传染病），Bahncard 的价格每年都在以高于票价的幅度上涨。

电商巨头亚马逊的 Amazon Prime 会员计划是另一个近年来大家耳熟能详的二维定价体系。2022 年初随着通货膨胀的影响开始显现，亚马逊宣布将 Prime 在美国的价格从每年 119 美元提高到 139 美元，调价幅度达 16.8%。亚马逊在全球拥有超过 2 亿名的 Prime 用户。假设全球 Prime 用户支付的平均年费与美国相同，那亚马逊 2022 年一年可以从 Prime 服务的销售获得 278 亿美元的收入，而这仅占其 2022 年 4,688 亿美元总收入的 5% 以上。

使用 Prime 服务的大多是忠诚度较高的亚马逊重度用户。我们由此可以推断 Prime 会员计划的价格弹性较低，并低于产品价格。如果我们假设 Prime 的价格弹性为 -0.3，那么 2022 年这次的价格调整将会使得亚马逊失去 1,000 万名 Prime 会员客户，但 Prime 会员计划收入会上升 26 亿美元。在流动性变差的通货膨胀期间这笔收入愈发显得弥足珍贵。

捆绑与逆向捆绑

捆绑指卖家将几种产品打包在一起出售，如麦当劳的经典套餐（汉堡 + 薯条 + 软饮料）、微软的 Office 办公软件（Word+Excel+PowerPoint+ 其他软件）、电信套餐（通话时间 + 数据流量 + 附加值服务）、旅行社的旅行套餐等（机票 + 酒店 + 地陪）。大多数情况下，捆绑产品或者套餐的价格低于套餐内单独产品价格的总和。

卖家之所以偏爱捆绑的一个主要原因是捆绑可以更有效地挖掘消费者的支付意愿。一件产品的剩余支付意愿（实际价格和支付意愿之间的差额）就可以被转移到另一件产品上，从而实现提升销售的目的。

我们来举一个简单的例子说明。一家咖啡店主打两种产品：咖啡和蛋糕。一杯咖啡售价 3 欧元，一块蛋糕售价 3 欧元。路人甲预算只有 5 欧元且更偏好咖啡，那他会花 3 欧元买一杯咖啡来喝。路人乙预算也只有 5 欧元但更偏好蛋糕，那他会花 3 欧元买一块蛋糕来吃。这样的话，这家咖啡店可以从这两名客人赚到 6 欧元。现在这家咖啡店推出一个售价为 5 欧元的下午茶套餐，含一杯咖啡和一块蛋糕。

路人甲和路人乙都觉得这个套餐是个不错的选择，于是都选了套餐。尽管套餐与单独贩卖相比便宜了 17%，但是咖啡店的整体收入从 6 欧元上涨 67% 到 10 欧元。如果咖啡和蛋糕的成本都是 1 欧元，那咖啡店里的利润从原先的 4 欧元上涨到 6 欧元，涨幅为 50%。由此可见，设计合理的捆绑可以给卖家带来丰厚回报。

在价格稳定情形下行之有效的价格捆绑套餐可能会在通货膨胀期间碰钉子。虽然捆绑在一般情况下可以给客户带来价格实惠，但也会导致客户的整体支出增加。如果卖家只提供包含多个产品的捆绑，即便在通货膨胀期间不涨价，也会有一定数量的客户因为预算关系无力承担。在这个时候企业经营者更应该考虑的是逆向捆绑，不仅包括分拆捆绑，也可能包括将一些附加服务从原有产品剥离开来，进行分别销售。

瑞安航空（Ryanair）不仅是廉价航空的鼻祖，也是实践逆向捆绑的先锋。它是全球第一家单独收取行李托运费的航空公司。彼时，这是一项相当骇人听闻且富有争议性的举措。18年前这项附加费刚刚被引入时，旅客每托运一件行李需要支付 3.5 欧元。现在，在预订时选择一件托运行李（不超过 20 公斤）的淡季价格是 20.99 欧元，旺季价格是 39.99 欧元；如果旅客在购票以后再添加托运行李，那她 / 他将支付更高的价格——淡季时加付 10 欧元，旺季时的费用则要增加 20 欧元。瑞安航空没有公告行李附加费的收入。但其航班每年输送超过 1 亿乘客，即使只有小部分乘客托运行李，瑞安航空也能从中赚取数亿欧元。

在宣传行李托运费时，瑞安航空选择了一个很巧妙的视角："这一举措将为不托运行李的乘客节省大约 9% 的票价。"

同样一件事，在不同的视角下，行李托运费突然变成了利民举措。又有谁会反对这样的“好事”呢？

廉价航空、廉价酒店、廉价的超市白牌产品、廉价的大众服饰、廉价汽车等诸多以廉价为名的产品和服务供应商有可能成为通货膨胀中的赢家。我们已经知道在价格平稳时期，价格捆绑有助于更有效地挖掘消费者的（剩余）支付意愿。然而在通货膨胀期间，“剩余”对大多数消费者来说是一种可遇而不可求的奢侈。

通胀环境中的现实是消费者必须进行取舍，必须重新划分他们的心理账户，因此做减法（逆向捆绑）比做加法（捆绑）更容易获得一般消费者的欢心。对于那些高收入人群来说，捆绑无论在通货膨胀前还是通货膨胀中都可有可无。因此从企业的角度来说，在通货膨胀期间实行逆向捆绑有利无害。

免费增值模式

免费增值是一种常见于互联网产品的定价模式。免费增值（Freemium）由“免费”（free）和“增值”（premium）两个英文单词组成。免费提供基本版本，但更高价值的高级版本需要付费。从国外的 Spotify、推特（Twitter）、领英（LinkedIn）到国内的微信读书、QQ 音乐、WPS 办公应用程式都是采用典型的免费增值模式。

这些互联网公司的服务边际成本接近或等于零。所以尽管免费的基础服务不创造额外收入，但对利润也几乎没有负面影响。免费增值模式的“免费”部分用来获客，通过降低使用门槛吸引尽可能多的潜在客户；“增值”部分旨在变现，在培养起免费客户使用习惯后，引导他们成为付费客户。

正如本章开头处指出的，通货膨胀很可能会给免费增值模式带来不利影响。因为根据定义，价格上涨只适用于付费版本。免费版本与增值版本之间的价差必然会拉大。如果基本版和高级版之间的客户感知价值差异保持不变，那用户从免费版升级到付费版的概率就会降低。因此，在涨价的同时，有必要调整两个版本之间的价值差异——要么增强付费版的价值，要么降低免费版的价值，或者将两者结合起来实现。

但根据我们的经验来看，这种调整对于大多数产品来说都很困难。因此，在通货膨胀中采用免费增值模式企业的付费用户的转换率会下降，同时留存率会上升。那是不是说企业经营者只能束手待毙了吗？流媒体企业奈飞（Netflix）给我们提供了一个可行的思路。

2022 年 10 月奈飞在官网宣布将于 11 月正式推出“广告基础套餐（Basic with Ads）”，定价为每月 6.99 美元，比原本的无广告套餐中最便宜的基础套餐要便宜 3 美元。自从创建以来，奈飞一直通过用户订阅作为唯一收入来源，坚持对广告说不。然而在 2022 年第一季度，奈飞首次遭遇订阅用户流失，共减少约 20 万订阅用户，股价一天内暴跌 35%。进入二季度后，用户流失有进一步恶化的趋势。

除了奈飞以外，华特迪士尼公司（The Walt Disney Company）也计划低价的含广告套餐。该公司预计将于 12 月推出每月 7.99 美元的广告版 Disney+，而无广告基本套餐将从 7.99 美元 / 月涨价至 10.99 美元 / 月。

从奈飞的案例上我们可以学到什么？羊毛可以出在猪身上。

零价格模式

在线媒体等服务提供商是羊毛出在猪身上的典范。对用户来说，服务是免费的，他们支付零价格。只要服务提供商维持零价格，用户对通货膨胀免疫。然而，这种商业模式还是会受到通货膨胀影响。

零价格服务提供商必须通过其他收入来源来支付成本和盈利。气象服务、辞典、知识服务商等多依赖广告收入；个人站点和博客越来越多地通过贩卖流量、销售数据带来收入；维基百科（Wikipedia）等公益组织依靠个人和机构捐款资助。

但是这些零价格服务商在通货膨胀中同样会遇到运营成本上升的问题，为了维持原有的利润水平，收入也必须成比例地增加。来自广告、流量、数据销售的收入往往取决于用户数量，销售收入由第 10 章中的价格调整条款的机制调控，在一定程度上可以实现自动化。这意味着用户数量必须增加才能维持盈利。

类似于我们在第 9 章中描述的零边际成本的情况，盈亏平衡所需的用户数量由于通货膨胀影响而增加。由于产品本身免费，所以采用零价格模式的企业无法用价格手段来影响用户数量——除非改变商业模式——比如，转向免费增加模式，拓展付费客户基数等。

在通货膨胀中依靠捐款的免费服务商如维基百科可能会因为捐款人和捐款金额的减少而陷入更大的困境。2022 年以来，我们可以越来越频繁地在各种渠道看到维基百科的募捐广告。由于其属于非营利组织，所以我们在此就不再多做展开。

所付即所得

我们所熟知的传统定价模型是：付钱买下产品，获得所有权，然后使用。航空公司购买涡轮发动机；货运公司购买货车轮胎；汽车制造商安装喷漆设备，购买油漆，为汽车上漆。这是交易型的商业模式，供应商通常可以在交货后短时间内收到全部订单金额，这在通货膨胀的情况下对供应商是有利的。

相比之下，在租赁和订阅模式下，客户分期支付费用。除非分期费用受价格调整条款保护，接受分期付款的供应商在高度通货膨胀的情况下会蒙受巨大损失。

但如果从客户需求的角度来思考问题，你会发现其实有更好的定价模式可供选择。产品的所有权不是满足客户需求的前提条件；相比之下，客户更看重的是产品帮助他们解决问题的能力。航空公司不需要涡轮发动机，需要的是推力；货运公司需要是轮胎的可靠持久的表现；汽车制造商需要的是给汽车喷漆。按照这个思路，制造商或供应商可以根据产品实际所起到的作用来收费，而不是按产品本身收费。这正是支持按实际使用付费模式的原理。

米其林（Michelin）是乘用车和货车轮胎市场的全球领导者。它率先采用了按实际使用情况来收费的定价模式。这种定价模式对各种类型的运输车队都很有吸引力，它们购买的不再是轮胎而是轮胎的实际行驶里程。在米其林的影响下，其他轮胎制造商也纷纷效仿采取类似的定价模式。这种创新的定价模式使得轮胎制造商有助于萃取更高的产品价值。

米其林新推出的一款轮胎相比上一代旧款性能提升 25%，但要据此收取 25% 的溢价却困难重重。客户已经习惯多年来形成的轮胎价格水平，并且对价格敏感，价格锚（Price anchor）的作用明显。任何显著的价格提升都会遭到很大的阻力，即使新产品的性能有显著改善。

按实际使用情况来收费的模式巧妙地解决了这个难题。客户根据轮胎行驶的实际公里数付费。如果轮胎的使用寿命延长了 25%，那么客户自然而然多支付 25% 的价格。这是一个双赢的局面：不仅轮胎制造商可以萃取应得的创新价值；客户事实上也没有增加额外的支出。只有当轮胎在路上滚动的时候（即车队在创造收入的时候），他们才需要为轮胎付费。如果运输需求低迷，货车闲置在停车场，他们也无需为轮胎付费。同时，货运公司的财务测算也变得更简单。货运公司通常以运输里程为计价单位，因此使用同样的价格参数有助于货运公司更好地判断业务的盈利情况。

正是由于这种与客户业务健康情况挂钩的特性，使得“所付即所得”这样的定价模式在通货膨胀中受到客户的欢迎。在业务不景气的时候，产品使用量减少，相应的成本也会减少；一次购买产生的固定成本转为按需付费的可变成本，减少了通胀时期的资金压力。

数字技术的发展使得使用按需付费定价模式的企业在通货膨胀期间更加容易地实施涨价，尤其是涉及小额支付的交易。例如，如今在中国很多大城市的交通场景支持借助支付宝、微信等支付工具自动处理停车、道路使用或类似服务的小额付款。因为这些费用是自动扣款，金额又不高，因此用户们的价格敏感性相对较低，推行涨价会更容易。

但是，我们需要提醒商家即使在这样的情况下也要注意调价的合理性，过大幅度的调价有可能造成难以消除的负面舆论，得不偿失。

本章小结

过去三十年间定价创新层出不穷，但不是所有的定价创新都在通货膨胀期间可以即插即用。我们建议企业经营者应注意以下几点。

- 动态定价有利于企业安全度过通货膨胀，但需要调整算法，加快调取成本信息的频率和调价的节奏。

- 多维定价模型赋予企业在涨价时更大的灵活度，同时也更契合消费者的价值感知。
- 通胀中普通消费者必须进行取舍，必须重新划分他们的心理账户，因此做减法（逆向捆绑）比做加法（捆绑）更容易获得一般消费者的欢心。
- 免费增值模式在通货膨胀中会受到挑战。企业经营者需要重新审视产品组合的设计，并在必要情况下调整商业模式。
- 采用零价格模式的企业在通胀中盈亏平衡所需的用户数量上升。由于产品本身免费，所以采用零价格模式的企业无法用价格手段来影响用户数量。必要时，应当考虑开拓业务模式，增加付费客户基数。
- “所付即所得”的定价模式降低了客户的运营风险和固定成本支出，在通货膨胀期间会更容易得到客户的青睐。

第12章 赋能销售团队

Pricing Logic

在通货膨胀期间销售团队将扮演更为重要的角色。在所有需要人为参与的销售场景中，销售人员的表现最终决定了交易是否能够达成。在通货膨胀期间销售团队又被赋予了一项非常重要的使命：在达成交易的同时，实现尽可能高的价格。销售团队的这一关键角色不仅局限于企业级市场，在一些典型的“一单一价”的消费级市场同样至关重要，比如新车销售。

定价权限

应该赋予销售团队多大的定价权限一直是一个颇有争议的话题。一项针对德国企业的研究发现，在一般的经营环境中，有 89% 的管理层、81% 的销售负责人和 45% 的大客户经理参与了企业价格管理中的关键决策。[89] 可见，德国企业对价格管理普遍比较重视，决策重心更靠近管理层。相应地，我们可以观察到德国企业销售团队的主要任务是执行上级决策，与客户进行沟通。但他们的定价权限通常很有限，仅在特定交易中被允许自主决定给予客户一些小幅折扣。

我们认为在通货膨胀环境中，定价权限的回收和加强管控有助于企业取得更好的营收表现。这是因为在通货膨胀中客户也会加强对成本的管控。采购，尤其是大宗采购的决策权也会上移到更高级别的管理层。为了与客户决策权等级相匹配，供应商端的定价决策权也必须相应地上移到更高级别的管理层。这对于很多中小型企业来说，意味着有时候首席执行官必须亲自上阵与客户的采购高管斡旋。拉姆·查兰（Ram Charan）在 2022 年通货膨胀正处于风口浪尖时甚至提出“定价不能由销售人员控制”。[90]

我们并不赞同查兰这样的极端意见。销售团队是企业与客户之间重要的沟通桥梁。一个持续友好的合作关系建立在互相信任的基础上。从这个意义上来说，供应商的销售和客户的采购虽然立场不同，但地位是平等的。将定价权限完全剥离将使得销售团队在客户采购面前丧失平等地位，不利于今后工作的展开。

此外，在像 2022 年这样通货膨胀高速攀升的时期，定价的高度集权是不切实际的。如果销售代表每一次调价都必须征得公司高层的同意，这个过程很可能会耗时良久且难以管理。这不仅加大了所有参加定价流程人员的工作量，并且管理层由于缺乏一手的信息未必能够做出正确的决定。

华为创始人任正非早年在英国代表处讲话时曾说过这么一番话：

“为了更好地服务客户，我们把‘指挥所’建到听得到炮声的地方，把计划预算核算权力、销售决策权力授予一线，让听得见炮声的人来决策。打不打仗，客户决定；怎么打仗，前方说了算。”[91]

我们对此的看法是：一线销售人员应该具备一定的定价权限。但是定价是系统工程，不能只依靠直觉，特别是在 21 世纪 20 年代的当下。直觉的基础是经验，而上一次出现像 2022 年如此大规模的通货膨胀已经是四十多年以前的事情了。在本章剩下的部分，我们将展开讨论在通货膨胀期间赋能销售团队的一些具体举措。

客户画像

对于大多数企业来说，客户贡献的二八原则通常成立。也就是说，20% 的客户往往贡献了 80% 的销售收入。因此在资源和时间稀缺的时候，如通货膨胀时期，企业经营者为确保经营结果应该首先关注这占 20% 客户数量的关键客户。

具体来说，我们建议企业经营者首先可以基于已有的数据和经验对关键客户进行画像，对客户层面的定价权（内部视角）和客户的议价权（外部视角）进行量化，这是制定客户定价策略的重要基础，并有助于企业内部对调价空间达成共识。

画像可以通过分项打分的形式来进行。图 12-1 展示了西蒙顾和一个脱敏的项目案例。我们首先定义了若干个决定客户层面的定价权的要素，其中一部分与供应商相关，另外一部分与客户相关。接下来，我们用 5 分制对每一个单项要素进行打分，1 分表示供应商具有较低的定价权，5 分表示供应商具有较高的定价权。

从图 12-1 可以看出，该供应商在客户关系的持续时间、产品质量或知名度这几个方面具有优势。其交付份额也略高于竞争对手，这意味着它是客户的主要供应商。另一方面，它在灵活性和服务方面存在弱点。总体而言，与自身情况相关的整体表现为 3.3 分，高于平均水平。

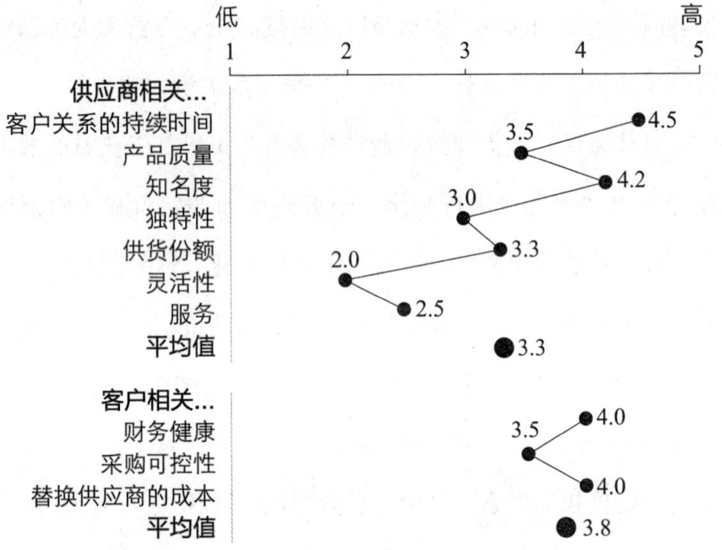

图 12-1　客户画像示例

从客户相关的要素来看，整体得分为 3.8 分，意味着客户对价格相对不敏感。这主要得益于其不错的财务健康和替换供应商的高成本，该客户不太可能对价格非常敏感。同时，采购的可控性也较高，这意味着供应商更有可能说服客户接受价格上涨。综合供应商相关和客户相关要素分析，这家客户的议价权得分为 3.5 分。在完成了所有关键客户的客户画像之后，我们可以进行横向比较，根据每个客户层面的定价权的评分结果，确定每个客户的涨价目标。

我们通过一个简单的例子来说明。假设一家供应商已经确定为了应对通货膨胀，价格需要上涨 10%。这家供应商的前五家客户贡献了 80% 的销售收入。图 12-2 展示了这五家客户的销售占比、定价权得分和对应的调价目标。

表 12-1 大客户调价目标设定

客户	销售占比	定价权得分	调价目标
A	25%	3.0	8%
B	20%	4.0	11%
C	15%	3.5	9%
D	10%	4.5	12%
E	10%	3.5	9%
总计 / 均值	80%	3.7	10%

五家大客户中客户 A 一家独大，销售占比达 25%，客户 B 和客户 C 紧随其后，客户 D 和客户 E 略小，各贡献了 10%

的销售收入。通过与图 12-1 中类似的客户画像我们可以分别对客户层面的议价权做出评分，结果显示在表 12-1 的第三列中。其中供应商对客户 A 的定价权最弱，得分为 3 分，对客户 D 的定价权最强，得分为 4.5。

已知涨价目标（各个客户价格涨幅的加权平均）和定价权得分，我们就可以各个大客户的销售占比作为权重来推算每一家企业的调价目标。在这里我们假设销量不变。值得指出的是，表 12-1 中展出的调价目标是“计算结果”。企业经营者可以也应当针对每家客户的实际情况对调价目标进行一定的修正。

利润漏洞

当我们谈论涨价时，我们想到的大多是目录价格。然而，对于企业来说更重要的实际是扣除了各种折扣和交易直接相关费用后的净净价，即实际到手价。从目录价格到净净价存在诸多环节，每一个环节管理不当的话都有可能成为潜在的利润漏洞。硬币的另一面是如果企业经营者能够了解到潜在的利润漏洞，就可以采取积极的防范措施，提前堵上这些漏洞。

图 12-2 展示了西蒙顾和一个脱敏项目案例中一家企业的潜在利润漏洞。这个特定产品的目录价格为 6 欧元，在到净净价的过程中，有相当于目录价格 30% 的金额在半途损耗了，最终只有 4.2 欧元进入企业的账簿。

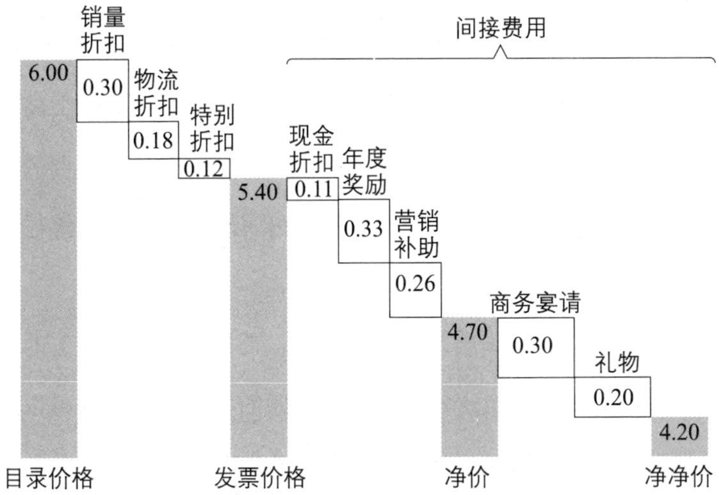

图 12-2 从面价到净净价 - 潜在的利润漏洞

在通货膨胀这样的特殊时期每一分钱都很宝贵。堵住利润漏洞的先决条件是掌握充分透明的信息。从图 12-2 中可以看到几个利润漏洞的大头，除了销量折扣（0.30）以外，年度奖励（0.33）、商务宴请（0.30）和营销补助（0.26）都属于间接费用。

在管理会计比较薄弱的企业，这些间接费用都没有现成的分摊到各个产品的数字，这无疑给价格管理带来困难。这再次证明了掌握关键信息的重要性，尤其是在通货膨胀期间信息的重要性还会进一步凸显。好消息是管理会计并不是什么高科技，每个企业的财务部门只要花一点时间，配合一点必要的假设就可以完成图 12-2 中展示的关于利润漏洞的分析，值得每一家企业拥有。

知道了利润漏洞出现在哪个环节，那接下来一个自然的问题就是谁应该对此负责？关于这个问题的答案我们同样可以在数据分析中寻找线索。图 12-3 展示了我们对一家跨国企业美国分公司相关数据分析的结果。

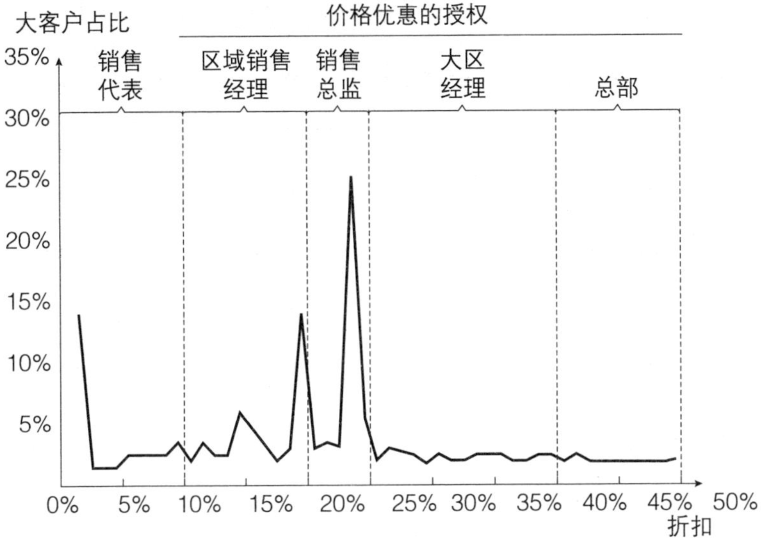

图 12-3 批准客户价格优惠的层级分布

图 12-3 横轴对应的是客户实际折扣，从左到右，随着折扣力度的加大，对应的在组织内的批准层级也逐步提升。销售代表的权限到 10% 的折扣为止，所有超过 40% 折扣的订单都需要公司总部特批。纵轴对应大客户占比。结合横轴和纵轴我们可以直观地知道有多少客户获得了多大幅度的折扣，并且知道是谁应该对这些价格优惠负责。

在这个例子中区域销售经理和销售总监这两个级别应该对利润漏洞负主要责任，是他们批准了最多的价格优惠。有了这个发现后，我们可以再进一步深挖这背后的原因和解决的办法。这些看似微不足道的小事，在企业顺风顺水的时候很容易被忽略——在业绩欣欣向荣的时候，管理层中又有谁在意销售给了哪个客户多少个点的折扣？但正如之前提及的，在类似通货膨胀的危机下，每一分该挣的钱都应该挣到。是时候加强销售管控了。

销售管控

在通货膨胀的大背景下，企业经营者必须对整个销售流程进行更加细致及更加及时的管控。管理层首当其冲需要掌握的信息是实际实现的价格上涨幅度及对利润的影响。我们对哪些产品实施了涨价？调价涉及哪些客户？有多少客户接受了涨价？实际平均售价发生了什么变化？以上这些分析的颗粒度越小越有利于企业经营者发现问题并且找到解决问题的线索。因此，销售管控需要从不同角度、不同维度去切割和分析价格、销量、成本、收入和利润。理想情况下这样的细致分析应该下沉到按客户 / 按产品区分的层级。

一般意义上的管控始于数字，终于数字。在我们看来，在通货膨胀期间企业经营者不仅要知其然，更要知其所以然。因此，除了标准的定量分析以外，深入的定性分析应该是通货膨胀期间销售管控的重要组成部分。

丢失订单分析是其中一个隐藏关键信息的来源。一些待求证的关键问题包括：在涨价后我们丢失了哪些订单？丢失订单的原因是什么？我们采取了怎样的应对措施？效果如何？

事实上，如果你去询问销售人员订单丢失的原因，他们给出的答案十有八九与价格有关。在通货膨胀期间，更是如此。坦白地讲，我们确信这并不总是事实的真相。尤其是在企业级市场，一名客户很少因为单纯的价格原因拒绝一个供货商。供应商失去客户的最根本的原因在于满足客户需求方面搞砸了。如果一家供应商能为客户创造看得见的价值，涨价绝非禁忌。但遗憾的是，并非所有的销售人员都认识到这一点。

销售激励

合理的激励机制能大幅度提高销售团队的工作积极性和创造性。尽管不同国家、不同行业激励部分占整体薪酬的比重差异很大，但对销售人员来说激励通常是影响他们收入高低的一个重要的组成部分。因此激励的绩效考核如何设置会对销售的行为产生很大的影响。

从我们的经验来看，大多数企业在制定销售激励时是以销售收入目标的完成情况为主要考核内容。基于利润或边际贡献的激励措施仍是少数。此外，有时企业为了加速战略调整，也会在销售考核标准内加入类似这样的指标："今年上半年目标开拓 xx 行业的上规模新客户至少 5 家"，或者"现有客户的软件升级比例要比去年同期提高 10 个百分点"等。

一项被许多企业经营者忽略的事实是激励并不能和金钱奖励画等号。有研究证明，非现金奖励能够触发金钱代替不了的情绪反应，比如荣誉感、自豪感、强化的社会认同等。[92]

因为激励是一种迅速见效的管理工具，所以在需要企业快速行动的通货膨胀环境下显得特别重要。不管之前激励制度是如何设计的，企业经营者都应当考虑在通货膨胀周期中进行适当的调整以适应通胀的新环境。我们建议可以从以下几点着手：

- 制定价格上涨目标，包括名义涨价目标和实现目标
- 奖励实现更高的价格，包括老客户和新客户
- 将商务条件尤其是回款速度加入考核范围
- 提供更具体的价格指引和定价工具

在通货膨胀中，企业经营者结合内外部情况可以确定整体涨价目标。如果企业有现成的客户画像分析，对单个客户或单个客群的支付意愿和议价能力有较清楚的认识，那么由管理层设定的客户涨价目标是有意义的。

不过，这种自上而下的目标设定是一把双刃剑。好处是销售有一个明确的努力方向；坏处是如果由于管理层掌握的信息不充分而设定了错误的目标，可能起到适得其反的作用。

事实上，我们在咨询项目中经常可以观察到这样的情形：管理层将最低价格涨幅目标设定在 5%。你会看到许多销售人员事后汇报的涨价结果正正好好是 5%。我们的猜测是大多数

销售人员在工作中是结果导向，在达到了5%的小目标后就放弃努力了，尽管至少有一部分客户会有更高的支付意愿和涨价可能。为了改变这种情况，我们必须调整销售团队的“结果导向”。我们可以用激励来施加正面影响，使得销售人员有动力去挖掘并利用客户的支付意愿。具体的举措包括超额奖励销售达成超过最低涨价目标后的增量部分，组织内部的涨价竞赛，公开表彰比赛成绩，等等。

我们知道企业在通货膨胀中资金链吃紧，加速的回款速度有助于企业抵御成本迅速上升的冲击。因此，我们建议企业经营者应该加强对回款速度的管控，并且向销售提供相应的激励措施，缩短付款周期。在通货膨胀中，销售的职责不再是单纯的销售，他们也必须分担之前主要由财务部门承担的责任——支付条件应该成为销售谈判中的一个组成部分，并且在交付后追踪客户支付情况。

根据我们的观察，涨价正在变得愈加困难。近年来，涨价成功率正在下降——我们用初始涨价目标与最终实现的涨幅来计算这一指标。根据西蒙顾和全球定价调研显示，早些年乙方的涨价成功率为 50% 左右，目前这个指标已经下降到仅为 33% 左右。[93] 这意味着如果初始涨价目标为 15% 的话，最终实现的实际价格涨幅仅为 5%。

在我们看来造成差距变大的一个重要原因是甲方采购部门和供应商销售团队在价格管理专业化方面的差距正在变大。因此，为了要实现更好的价格，实现持久的营收改善，企业经营者需要加强对价格管理专业化的投入，在通货膨胀时期不仅要加强销售管控，调整激励方案，并且还要加强对销售的培训和赋能，包括提高数据透明度，引入定价支持工具，等等。

拥抱变化

通货膨胀是现代人类经济活动的产物，只要货币政策存在一日，通货膨胀就无法避免。虽然通货膨胀并不是新事物，但是如今这一代的企业经营者中很少有人亲历过通货膨胀。人们在面对未曾遇过的事物未免心存惶恐。这大概可以构成诸多销售人员在 2022 年这一波大型通货膨胀中心理阴影的底色，毕竟上一次如此大规模的通货膨胀发生的时候，他们中很多人还没有出生。

在过去的几十年间，世界上主要几个经济体价格水平整体较平稳。销售人员日常关注的重点是销量、收入和增长等，与客户的价格谈判处于相对次要的位置。以消费者价格作为衡量标准，通货膨胀率大多数年份中徘徊在每年 2% 到 3% 左右。因此销售人员一年中通常只需要与客户进行一次“不那么愉快”的价格谈判。价格上涨的幅度与业务收入增长的速度相比，微不足道。

事实上，我们在过往几年中可以看到在很多行业中的价格谈判其实是甲方发起的，谈判的目的是降价。汽车供应商行业和电子行业是两个典型的行业价格逐年下降的行业。生产规模效应和生产效率的提升使得降价成为可能。

试想一下：哪怕一名从业 30 年之久的经验丰富的销售经理，也从未有过在通货膨胀中与客户打交道的经验。而对于更年轻的一代销售人员来说，通货膨胀离他们更是遥远。他们现在必须适应新的环境，学习如何和客户沟通涨价，而不是给予多少折扣。这是一个 180 度的转变。

销售团队需要比平时更多的支持才能应对这前所未有的挑战。首先，销售需要转变思维，重新认识定价。我们在第 6 章中讨论了客户价值感知和价值沟通的重要性。提价的成功率在很大程度上取决于销售人员能否有效地与客户进行令人信服的价值沟通，提升客户的价值感知和支付意愿。这并不意味着价值沟通会取代价格谈判。价格谈判是大概率事件，依然会存在，但是成功的价值沟通可以减少在谈判中的压力。

我们在定价咨询项目中通常会对我们客户的销售团队进行访谈以了解销售端的现状和痛点。通过访谈，我们再三观察到有两种截然不同的销售理念。

第一种是“价格销售”，他们认为自己的产品与竞品相比都差不多，可替代性高，因此产品只有“物廉价美”才会有销路。他们通常还会指责竞争对手发起价格战。

第二种是“价值销售”，相比“价格销售”，他们更乐观，更了解产品，善于发现客户的痛点，并与自家产品的优势做结合。

“价格销售”是交易型的客户关系，关系脆弱，容易被替代；“价值销售”是合作型的客户关系，关系紧密，不容易被替代。这两类销售的业绩表现有着显著差异，“价格销售”对销售的贡献可能会高过“价值销售”，但他们的利润贡献率一定远远不如后者。在价格平稳时期，两者的差异尚不明显。但“价格销售”的业绩是建立在沙子上的城堡，一旦通货膨胀这样的危机出现，业绩会遭到毁灭性的打击——他们所依赖的价格武器失效了。

要在短时间内将“价格销售”转变为“价值销售”谈何容易。很多情况，只有通过换人才能够实现销售组织从“价格销售”向“价值销售”导向的转变。鉴于通胀期间里的时间压力，企业经营者可以做的也是应该做的是鼓励内部最佳实践的转播和推广。我们有时在项目中发现有部分“价格销售”主观上希望能够向“价值销售”转变，但是不知从何做起。在这种情况下，相关的价值销售培训给企业和个人都带来很大帮助。特别是“价值销售”的经验传递和话术技巧都能够在一定程度上帮助“价格销售”迈出向“价值销售”转变的关键一步。

变化是痛苦的，但也是必须的。通货膨胀这个挑战不管是对企业还是对销售个人来说都会成为宝贵的经验。在从价格导向往价值导向的转变过程中，企业管理层必须保持坚定的战略定力，做困难但是正确的事，给予销售团队足够的物质和心理支持，共渡难关。

本章小结

销售团队站在应对通货膨胀的第一线。企业是否能顺利渡过难过，销售的作用至关重要。我们建议企业经营者关注以下几点。

- 销售团队的表现在战胜通货膨胀方面起着核心作用。
- 我们建议利用现有数据和经验对关键客户进行画像，对客户层面的定价权和议价权进行量化，这是制定客户定价策略的重要基础，并有助于企业内部对调价空间达成共识。
- 从目录价格到净净价存在众多潜在的利润漏洞。如果企业经营者能够了解到潜在的利润漏洞，就可以采取积极的防范措施，提前堵上这些漏洞。

- 企业经营者必须对整个销售流程进行更加细致及更加及时的管控。除了标准的定量分析以外，深入的定性分析应该是通货膨胀期间销售管控的重要组成部分。
- 企业经营者应当考虑在通货膨胀周期中对激励制度进行适当的调整，加强对价格方面的考核，同时提供必要的信息和培训赋能销售团队。
- 通货膨胀对于大多数销售来说是一个全新的挑战。为了应对挑战，企业需要实现从价格导向往价值导向的转型，其间企业管理层必须保持坚定的战略定力，接受变化，拥抱变化。

第13章 财务管理

Pricing Logic

通货膨胀不仅影响定价、营销和销售等市场侧的企业职能，而且对财务、供应链和成本管理等企业后台职能提出新的挑战。在所有这些职能中，财务管理受到的影响最大。首席财务官（CFO）应在对抗通胀的战役中发挥关键作用。

资金成本

高通货膨胀率意味着货币的价值随着时间的推移而下降得更快。这对企业的短期现金管理及长期融资和投资回报都产生影响。

我们常使用现金流贴现方法（Discounted Cash Flow，简称DCF）来计算现金的时间价值。贴现率决定了未来现金流的现值和终值。最常见的贴现率是加权平均资本成本（Weighted Average Cost of Capital，简称 WACC），代表企业的综合融资成本。从另一个角度来看，贴现率体现的是股权资本和债券资本对投资企业或者某个项目的回报要求，包含了对投资期限内的通货膨胀预期。换言之，通货膨胀率越高，资本要求的名义回报率就越高。

20 世纪 70 年代德国处于上一个大型通货膨胀周期。当时的平均住房抵押贷款利率为 12%，德国联邦债券的平均利率为 9%，现金流贴现计算中通用的贴现率假设为 10%。在 2022 年通货膨胀再次爆发前，德国联邦债券的利率为负值，住房抵押贷款利率在 1% 左右，相应的现金流贴现中应用的贴现率也很低，很多时候不超过 1%。

自 2022 年伊始，通货膨胀开始再次显现威力。欧洲和美国央行不断加息以抑制通胀扩散速度，这使得抵押贷款利率迅速上升。《华尔街日报》有文章称："我们还从未见过抵押贷款利率上升如此之快。"[94] 不断上升的通货膨胀与由此导致的高利率给企业的财务管理构成重大挑战。

重温经济利润

我们在第 4 章中介绍了经济利润这个概念。经济利润指企业在一定时间周期内收益与所有成本的差额。数字表达可以用以下公式表示：

$$经济利润 = 税后净营业利润 - 投入资本 \times WACC$$

税后净营业利润是指将企业不包括利息收支的营业利润扣除实付所得税税金之后的数额加上折旧及摊销等非现金支出，再减去营运资本的追加和物业厂房设备及其他资产方面的投资后得到的利润，反映了企业投入资产的盈利能力，与企业资本结构无关。投入资本包含权益资本和债务资本。WACC，即加权平均资本成本，反映资本提供者要求的经风险调整的最低回报，在确定经济利润方面发挥着核心作用。WACC 的计算公式如下：

$$WACC=\frac{E}{V}*Re+\frac{D}{V}*Rd*(1-t)$$

其中，E= 权益资本的市场价值，D= 债务资本的市场价值，V=E+D 代表企业市值，Re= 权益资本投资回报率，Rd= 债务资本投资回报率，t= 企业所得税税率。

经济利润在实践中又常被称作经济增加值（Economic Value Added, 简称 EVA）。德国西门子公司（Siemens）是采用 EVA 方法的先驱。如今世界上财务管理规范的企业大都会在投资项目评估时运用 EVA 方法。原则上，企业只应该将资金投在创造经济增加值的项目上，即 EVA>0。

通货膨胀会加大新项目通过审批的难度。我们在本章初已经介绍过通货膨胀会增加资金成本。利率上升使得投资人的机会成本上升，因此他们在挑选投资项目时会挑剔，对投资项目要求更高的风险溢价。

同时，“便宜”的外部债权融资机会减少，新项目中的“更贵”的权益资本比例将上升。这些因素都会推高 WACC，使得在通货膨胀条件下产生经济利润变得更加困难。在资金成本上升的情况下，只有抗通胀的项目才更有可能获得投资。换言之，在通货膨胀中，具备竞争优势和定价权的项目将成为投资人的“香饽饽”。

现金流管理

我们假设一家企业持有价值 1 亿欧元的应收账款。如果客户立即支付该款项的话，这家企业可得到 1 亿欧元全款，贴现率无关紧要。但如果客户延迟付款，每过去的一个月都将给企业带来损失。这时候贴现率就至关重要了。图 13-1 展示了延迟付款 1 个月到 12 个月对企业带来的影响。

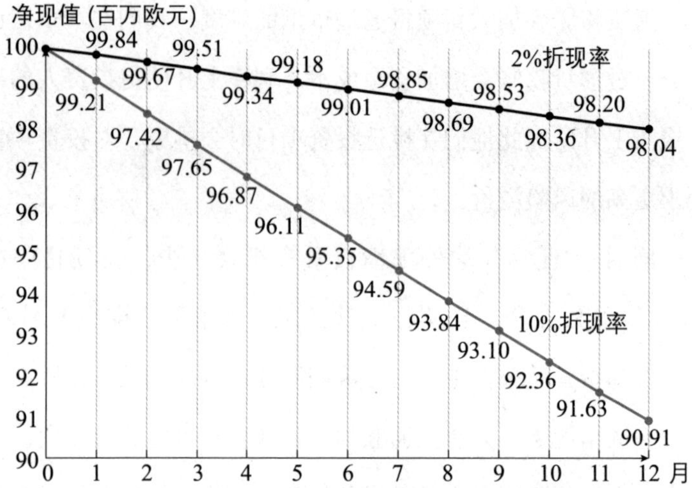

图 13-1 应收账款的净现值

在 2% 的贴现率假设下，6 个月后收款企业将损失 0.99%；拖延 12 个月后再收款的话，损失上升到 1.96%。换算成绝对金额的话，相当于半年损失近 100 万欧元，一年损失近 200 万欧元，是一笔不小的数字。如此长的付款周期在很多制造行业是惯例。即使在低利率和通货膨胀率的情况下，企业也应该试图尽快收回应收账款。

而在通货膨胀高企的时候加快回款速度的重要性就更加明

显。从图13-1中可以看出，当贴现率上升到10%时，延迟6个月回款会给企业带来4.65%（465万欧元）的损失，延迟12个月回款给企业带来的损失将高达9.09%（909万欧元）。联想到德国企业的平均净利润率只有3.3%（见第4章），如果企业的每一个客户都延迟12个月再付款（假设应付款周期短于应收款周期），那企业很快就会破产。

在高通胀和高利率时期，企业经营者必须想尽一切办法尽可能缩短回款周期。对于销售端来说，这意味着重新引入对客户的激励措施，如现金折扣（Skonto）。现金折扣在早些年曾是常见的支付条款——供应商提供2%或3%的折扣以奖励客户一次性支付全款。最近几年来因为物价相对稳定，所以现金折扣变得不那么普遍。但在通货膨胀飙升的阶段，现金折扣的意义又变得重要起来。如果由于乙方定价权较弱或出于竞争原因而被迫接受甲方苛刻的支付条款，那乙方在计算订单利润率的时候必须充分考虑通货膨胀带来的价值损失，在最坏的情况下，乙方应该考虑放弃亏损的订单。

我们服务的一家欧洲的大型金属加工企业受通货膨胀冲

击，资金周转出现困难。在一般情况下，这家金工企业会预购部分原材料，客户在订单交付后 6 周再付款。从 2021 年到 2022 年年初主要金属原材料的价格已经翻了数倍之多。该企业超过 7.5 亿欧元的流动资金几乎全部被库存消耗殆尽。

2022 年年初这家企业更改了支付条件，要求所有客户的付款时间从订单交付后 6 周提前到订单交付前 4 周。由于供应链紧张，存在交付瓶颈，大部分客户为了保证交付时间捏着鼻子接受了新的支付条款。通过这个调整，这家企业的订单回款提前了整整 10 周，大大缓解了通货膨胀对现金流的影响。以 8% 的加权平均资本成本（WACC）计算，回笼资金早 10 周可为这家企业节省约 1,200 万欧元的融资成本。不仅如此，由于现金流的改善，这家企业的信用评级也预期会上调。

对于财务来说，加快回款速度只是应对通胀的开始。企业在货币不断贬值的情况下，该如何处理回笼的资金呢？显然，将现金放在银行户头上什么都不做并非明智之举。一种可能性是进行投资理财。另外一种更稳健的做法是提高抗通胀原材料的库存水平。轮胎制造商大陆集团（Continental）选择了第二种做法。大陆集团在 2022 年第一季度因为库存升值录得 2 亿欧元的账面收益，营业利润率也因此受益，从 14% 上升到 17%。[95]

期货合约

预防通货膨胀成本增加的一项预防措施是使用期货合约，以锁定未来某个特定时期内的原材料价格。期货交易一般只需缴纳 5% ~ 10% 的履约保证金就能完成数倍乃至数十倍的合约交易。由于期货交易保证金制度的杠杆效应，交易者可以用少量的资金进行大宗的买卖，对启动资金要求较低。

德国大众汽车集团（Volkswagen Group）为我们贡献了一个成功案例。尽管原材料价格大幅上涨，大众 2022 年第一季度的营业利润几乎翻了一番。这主要是由于大众汽车采用金融工具来对冲商品价格上涨和汇率风险的获利。通货膨胀导致的标的价格飙升使得大众从中获利多达 35 亿欧元。[96]

但期货属于高杠杆金融产品，当标的价格发生巨大波动，造成头寸不足，会有被强行平仓的风险。如果预测有误，猜错了价格走势或者突然出现不可抗力导致价格突变，会给使用风险对冲的企业带来灾难性的打击。所以我们建议企业谨慎使用风险对冲。

本章小结

财务管理在通货膨胀中的工作重心将发生变化。

- 首席财务官（CFO）应在对抗通胀的战役中发挥关键作用。
- 不断上升的通货膨胀与由此导致的高利率给企业的财务管理构成重大挑战。
- 现金为王！应当想尽办法加快回款速度，包括向客户提供现金折扣。
- “便宜”的外部资金越来越少，风险溢价上升，新项目融资将更加困难。
- 投资有定价权的项目更有机会获得经济利润。
- 期货合约可以锁定未来某个特定时期内的原材料价格，抵消通货膨胀带来的成本上升。但期货合约属于高风险金融衍生品，需要谨慎使用。

第14章 成本管理

Pricing Logic

光依靠定价措施难以完全消除通货膨胀带来的利润压力。首先，我们可能无法将成本增加全部传递给客户，从而导致单位边际利润贡献下降；其次，价格上涨很可能导致销量下降，尤其是当企业迫不得已实施大幅价格调整的时候。以上这两种情况都会导致利润下滑。

为了捍卫利润，我们在成本端也需要采取措施。那现实情况是怎样的呢？我们在第 2 章中已经介绍过德国企业在应对通胀时采取的措施。调研结果显示 28% 的消费品企业和 17% 的工业品采取了降本措施（请参见表 2-1）。西蒙顾和 2022 年在美国进行的一项调研有着类似的发现：22% 的受访企业表示降本是它们对抗通胀最重要的措施。[97]

谁受影响

在通货膨胀中，员工和供应商是两个重要的成本上升的源头，因此也是会首当其冲受到成本削减措施影响的两个群体。员工或代表他们利益的工会将要求加薪。比如我们在第 2 章提到过的德国金属工业联合会（IG Metall）就要求雇主将工会成员工资提高 8.2%。通货膨胀期间企业的平均人工成本往往会有显著上升。

硬币的反面同样成立。如果企业在必须节省成本的时候，很可能会裁员。当地时间 2022 年 11 月 9 日，美国社交媒体网站脸书母公司 Meta 首席执行官扎克伯格宣布："我已决定将我们团队的规模缩减约 13%，并让超过 11,000 名有才华的员工离职。"这是该公司历史上最大规模裁员。与此同时，高通胀、利率上升和对经济衰退的担忧也推动了亚马逊和谷歌在内的美国其他科技巨头的大型裁员计划。[98] 科技企业的垂直整合程度越高，原材料占成本结构的比重就越小，因此成本节约的潜力主要来自人力资源。

调价措施的结果取决于企业的定价权、客户的议价能力及其他外部因素，因此存在一定的不确定性。相比之下，企业对降本措施成效的掌控更强。但是，裁员也会受到法律法规、企业文化、工会及社会舆论的限制，实施的时候会遇到一定的阻力。

裁员的另一个潜在负面影响是兔死狐悲。那些没被裁的员工心有戚戚焉，对公司的认同感和忠诚度可能会下降。历史总是在重复自己。2009 年全球金融危机进入尾声，随着经济回暖，企业开始恢复招聘计划。我们可以观察到，那些在危机中实施大幅裁员的公司在危机过去后经历了更大规模的离职潮。因此，裁员虽然看上去是一个快速有效的降本措施，但是不应低估那些可能对未来产生重大影响的隐性成本。

与高科技企业不同，制造型企业成本结构中外采的份额更高，因此降本的压力主要会落在供应商身上。随着通货膨胀的加剧，这种压力会被不断放大。如我们在第 8 章中介绍，买卖双方之间的角力将最终决定谁将承受更大的原材料成本上涨的影响。

当通货膨胀遭遇供应短缺的时候，买卖双方的权力地位可能会发生变化。汽车制造商在一般情况下相对供应商拥有强大的议价权，但由于半导体芯片及其他一些部件的供应短缺，汽车供应商更有可能将成本上涨转嫁给汽车制造商，因为对于后者来说断供导致生产停摆的后果是难以承受的。

降本增效

成本是生产资料和人工数量分别乘以相应的价格。因此，节省成本有两种途径。一种是减少生产资料和人工的数量。另一种是降价，即用更便宜的材料去代替昂贵的材料。通货膨胀意味着生产资料和人工价格上涨。

因此，从成本端抵御通货膨胀面对的第一道防线就是采购价格——企业经营者应该尽可能地抵制和拖延供应商涨价和员工涨工资的诉求。与供应商和工会的谈判会变得更频繁和更困难。参与谈判的人员需要提前做好充分的准备，从组织层级上来看需要高配，上至首席执行官或首席财务官都要有在必要时介入谈判的心理觉悟。而在第一线的采购经理和人力资源经理更是需要积极介入谈判中。

从实践来看，在通货膨胀中买方的议价能力在一定程度上会被削弱。原材料的供应瓶颈和关键人才的缺乏限制了企业降本的操作空间。不管是采购成本还是人工成本的节省在短期内都会是有限的。

这使得我们将目光投向成本的第二个维度“量”，即优化产品设计，减少所需的原材料投入，但这通常不是一件容易的事，会牵涉到企业内部的多个职能部门。事实上，量的节省潜力通常情况下相当有限。

举一个简单的例子：面包师需要一定量的面粉来制作一块面包，即使有可能减少面粉的投入，但是节省余地很有限，对于企业捍卫利润来说于事无补。同样地，优化流程、提高人效在通货膨胀中对企业来说往往只是杯水车薪。特别是遇到需求疲软的情况下，即便能够节省出额外的人力资源也无处安放用以创造新的经济利润。

降本增效虽然看上去很美，但在通货膨胀的情况下实施会遇到重重障碍，不见得比价格调整更容易。根据我们的观察，企业经营者在出现利润危机的情况下膝跳反应是降本，然后才会想到提高销量，最后才是涨价措施。我们姑且不去评判这种思维是否恰当，但在通货膨胀高企的时期，我们建议企业经营者调整他们的优先级，首先关注价格，其次是销量，再次才是成本。

时间成本

我们将“降本措施”放在优先级的最后也有时间方面的考量。与价格措施不同，降本措施需要更多时间来实施，而且很可能需要相当长的时间才能真正见效。

2019 年 7 月全球领先的金属压力机制造商舒勒（Schuler）宣布由于需求疲软将裁员 500 人。据报道，“这项裁员计划将耗资 8,500 万欧元，但预计要到 2020 年下半年才能见到成本节约的效果。”[99] 从启动降本措施到实际见效之间的时间间隔长达 18 个月。在通货膨胀期间时间是最宝贵的资源，也是最大的不确定因素。因此，我们建议企业经营者在采取任何抗通胀的措施前首先应评估时间成本。

降本措施不仅有较高的时间成本，而且也需要客观的资金投入，比如员工的遣散费和补偿、提前终止机器或者厂房租赁的违约金、搬迁去更小的办公室场所产生的搬迁费等。这给企业短期内的现金流带来压力，而降本措施的成效在一段时间后才能展现。通货膨胀引发的现金和融资瓶颈很可能进一步限制降本措施的实施。

经营杠杆

不仅成本高低会影响企业在通货膨胀期间的表现，成本结构也同样会产生影响。我们所说的成本结构指总成本中可变成本和固定成本之间的比例关系。可变成本（通常可以理解成边际成本）越低，销量增长对利润提升的影响就越明显。同时，较低的可变成本一般意味着较高的固定成本。

由于固定成本的存在，对于成本结构是低可变成本和高固定成本组合的企业来说，提高产能和资产利用率是提升利润最有效的方法。这种由于成本结构导致的利润变化在管理会计中被称为经营杠杆（Operating Leverage）。经营杠杆程度的计算公式如下：

$$DOl=\frac{Q\times(P-VC)}{Q\times(P-VC)-FC}$$

在这里DOL代表经营杠杆程度（Degree of Operating Leverage），Q代表销量，P代表价格，VC代表单位可变成本，FC代表固定成本。公式中的分子代表边际贡献，分母代表息税前净利润。这个公式告诉我们，固定成本的存在使得利润增长率大于销量增长率，反之亦然。

经营杠杆程度的高低反映了企业对市场未来趋势的判断和相应的战略选择。当市场景气的时候，销售增长迅速，企业可以更快地回收固定资产投资，提高固定成本在成本结构中的比例有助于吃透市场增长的红利。比如，制造企业可以通过提高工厂自动化的方法，减少人工成本的投入。这在短期会增加资本支出，但从长期来看自动化程度高的制造企业盈利能力更强，前提是在这期间销售稳定增长，机器设备保持较高的开工率。

在过去的 10 年间，不少奢侈品和时装品牌加大了经营杠杆。它们减少了分销商在销售渠道中的比重，同时开设更多的品牌直营店。直营店有利于维持统一的品牌形象，加强与客户的直接联系，控制核心商圈商铺的使用权。在市场景气的时候，扩张资产负债表不失为一个不错的选择。但是一旦出现黑天鹅事件，重资产公司更难脱身。2008 年金融危机，2020 年新冠疫情高峰时，百货商店、专卖店等线下商铺都门可罗雀，销售出现断崖式下跌。那些采用直营模式的品牌因为固定成本占成本结构的大头，在没有销售的同时成本支出削减却很有限，利润遭受更大打击。很多过于乐观、网点扩张太快的时装品牌因此陷入经营困难甚至倒闭，如 Gerry Weber、Esprit、Charles Vögele Charles、Miller & Monroe 等。

2022 年 8 月欧洲快时尚品牌 C&A 周四发布公告称，将其中国业务出售给总部位于北京的私募股权公司中科通融，同年 11 月美国最大的服装公司之一盖普公司（GAP）将大中华业务出售给在纳斯达克上市的中国电商服务商宝尊电商。

经营杠杆是一把双刃剑。在通货膨胀这样的特殊情况下，固定成本偏高的企业受经营杠杆影响更容易陷入经营困难。更不幸的是，固定成本在短期内很难降低，使得重资产企业在成本端很难有改善的机会。对于它们来说，提升销售端表现，尤其是定价表现，成为其顺利挨过通货膨胀期最重要甚至是唯一的希望。

盈亏平衡

我们从经营杠杆程度的公式可以知道，当销量等于固定成本除以单位贡献时实现盈亏平衡。这时的销量被称作盈亏平衡销量，或者盈亏平衡点。沿用我们在第 4 章用过的一个例子来说明成本对盈亏平衡点的影响。详见图 14-1。

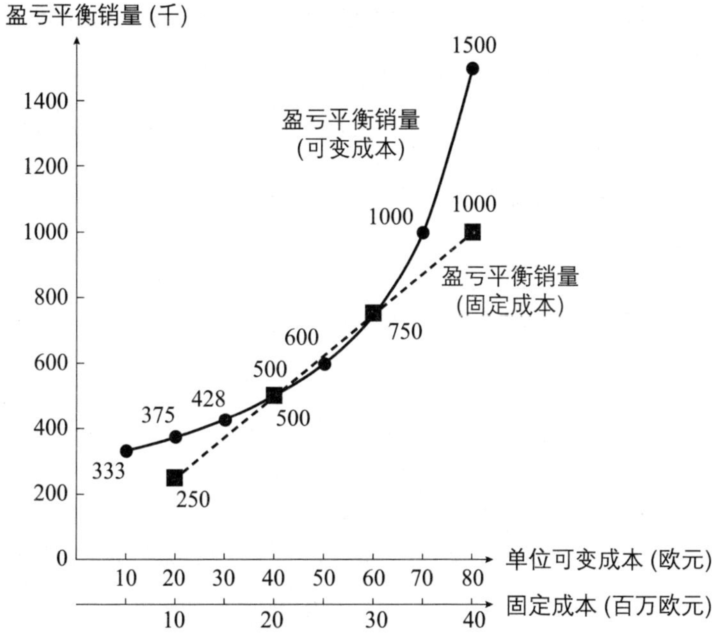

图 14-1 可变成本与固定成本对盈亏平衡点的影响

图 14-1 的纵轴为盈亏平衡销量，单位为千件；横轴分为两支，分别对应单位可变成本（欧元）和固定成本（百万欧元）。两条曲线分别对应随可变成本和固定成本发生变化时的盈亏平衡销量。

在初始情况下，产品价格为100欧元，单位可变成本为60欧元，固定成本为3,000万欧元，相应的盈亏平衡点为750,000件。如果保持固定成本不变，随着单位可变成本上升，盈亏平衡点将以更大的幅度上升；随着单位可变成本降低，盈亏平衡点下降，但下降幅度小于可变成本降低的幅度。而如果保持单位可变成本不变，盈亏平衡点将随固定成本变化而发生同比变化。

可变成本和固定成本对盈亏平衡点不同的影响可以通过"盈亏平衡销量－成本弹性"（简称"成本弹性"）来量化。盈亏平衡点与可变成本之间的关系呈非线性，因此成本弹性取决于可变成本变化的方向和幅度。当可变成本从60欧元上涨到70欧元（价格变化幅度为16.7%），盈亏平衡点从750,000件上升1,000,000件（销量变化幅度为33.3%），成本弹性为2；当可变成本从60欧元上涨到80欧元（价格变化幅度为33.7%），盈亏平衡点从750,000件上升1,500,000件（销量变化幅度为100%），成本弹性为3。固定成本与盈亏平衡销量呈完全正相关关系，因此成本弹性为1。

当发生通货膨胀时可变成本将先于固定成本受到影响，出现显著上升，而盈亏平衡点会以更大的幅度上升，这会给企业在短期内造成巨大的冲击。固定成本在通货膨胀持续扩张的情况下也会上升，进一步加大销售端的压力。

初创公司在通货膨胀中尤为凶险。因为它们的产品还不成熟，销量有限，成本在短时间内的大幅上升使得实现盈亏平衡成为不可能完成的任务，如果没有新的资金注入的话很难渡过难关。我们可以从图 14-1 得出的另一个重要启发是在发现通货膨胀苗头的时候，企业经营者必须迅速采取行动控制可变成本，以减轻即将来临的销售压力。

本章小结

成本管理在通货膨胀中同样重要。我们建议企业经营者关注以下几点。

- 在通货膨胀中，员工和供应商是两个重要的成本上升的源头，因此也是会首当其冲受到成本削减措施影响的两个群体。
- 高科技企业人力成本占大头，降本措施很可能会涉及裁员。但裁员受到法律法规、企业文化、工会及社会舆论的限制，实施的时候会遇到一定的阻力，并可能对未来有不利的潜在影响。

- 制造企业原材料成本占整体成本比例较高，降本措施会首先施加到供应商身上。当通货膨胀遭遇供应短缺的时候，买卖双方的权力地位可能会发生变化，导致压制供应商价格空间有限。
- 在通货膨胀周期中，我们建议企业经营者调整他们的优先级，首先关注价格，其次是销量，再次才是成本。
- 与价格措施不同，降本措施需要更多时间来实施，而且很可能需要相当长的时间才能真正见效。经营杠杆是一把双刃剑。在通货膨胀这样的特殊情况下，固定成本偏高的企业受经营杠杆影响更容易陷入经营困难。
- 盈亏平衡点与可变成本之间的关系呈非线性，因此成本弹性取决于可变成本变化的方向和幅度。固定成本与盈亏平衡销量呈完全正相关关系。
- 当发生通货膨胀时可变成本将先于固定成本受到影响，出现显著上升，而盈亏平衡点会以更大的幅度上升，这会给企业在短期内造成巨大的冲击。
- 企业经营者在发现通货膨胀苗头的时候必须迅速采取行动控制可变成本，以减轻即将来临的销售压力。

第15章 是时候开始行动了

Pricing Logic

时间坐标：2022 年。大事件：通货膨胀卷土重来，并预计将会陪伴我们多年。

通货膨胀对大多数企业经营者和企业员工来说都是一个完全陌生的环境。然而世界正在发生根本性的变化，留给企业经营者的时间不多了。

是时候开始行动了。

提升危机意识

随着通货膨胀的开始，企业管理层必须尽快让组织内的所有人意识到企业即将面对的挑战和对员工个人的影响。危巢之下焉有完卵。当成本、利率、价格在极短时间内发生剧烈变化时，所有人都应该要有迅速调整工作模式的觉悟。随着通货膨胀的蔓延，员工工资会跟着出现一定程度的上涨，但这也可能会给员工造成一切尚好的幻觉。

事实上，通货膨胀推动成本和价格上涨，但企业的实际利润很可能出现停滞，甚至经济利润由正转负。在排除通货膨胀的影响之后，企业的经营情况往往会出现恶化。在这样的情况下，员工薪资上涨最可能导致的一项副作用是有一些小伙伴不得不离开。

上一次出现造成如此广泛影响的通货膨胀已经是 40 多年以前。大部分员工包括企业经营者自身都没有相关的经验。只有怀着开放态度积极拥抱变化的企业才有机会通过通货膨胀的考验。

提高利润透明度

企业经营者应当认真考虑是否应该向员工披露更多关于企业盈利情况的信息。企业员工与一般民众一样，对企业的盈利情况往往存在误解。而正如我们在第 4 章中提到的，OECD 22 个成员国企业平均净利润率仅为 5.7%，其中德国企业仅为 3.3%，中国企业 6.4% 略高于平均水平。这意味着企业的资金池有限，难以靠积蓄来硬抗缓解通货膨胀。企业经营者必须及时采取措施才能渡过难关。

一般情况下，员工更多关注自己的福利，而对自家企业的财务健康缺乏了解。通货膨胀或是一个好的时机让员工了解企业的真实情况。内部信息透明度的提升也有助于加强员工的主人公精神。组织变革在危机时期相比顺境时期更容易实施。这或许是通货膨胀给企业带来的为数不多的积极影响。

人人有责

通货膨胀是检验组织文化成色的一项外部考验。只有通过所有人的努力才有可能通过这项考验，光靠销售团队的努力是不现实的。事实上，很少有公司可以将增加的成本全部转嫁给客户。以我们的经验来看，能够让客户分摊 50% 的成本上涨已经是一件值得庆贺的事情。

那剩下的 50% 成本压力必须通过其他渠道释放，这需要采购、人力资源、生产制造及财务部门等各个企业职能部门的通力合作。各个职能部门的负责人都需要积极采取行动，包括制定具体方案、为下属员工提供明确的行动指引，等等。企业经营者则肩负协同各部门联合作战的责任，确保各项应急措施的顺利实施。

提高敏捷性

通货膨胀浪潮突如其来，就如同它上一次在 20 世纪 70 年代突然出现一样。在 2021 年刚刚出现通货膨胀迹象的时候，很多中央银行的银行家和宏观经济学家都还乐观地认为通货膨胀只是全球供应链出现瓶颈导致的暂时现象，因而没有及时采取行动。但仅在几个月后事实就证明他们过于乐观了。

通货膨胀正在席卷全球，通货膨胀已经成为既成事实，并且至少在未来几年都将与我们相伴。我们无法判断通货膨胀何时才会结束，也无从知晓通货膨胀将以何种方式结束。但我们知道的是我们必须为接下来突如其来的脉冲式的成本上涨大潮做好准备。

在高不确定性的环境中，我们必须提高企业敏捷性。首先，需要提高获取信息的敏捷性，密切关注上下游的成本和价格信息。其次，行动敏捷性必须紧随信息敏捷性。企业经营者不能像央行银行家那样静观其变，企业经营者必须意识到应对通胀的紧迫性，迅速行动。

一家运输公司不能等几个月后才将油费成本增加转嫁给客

户；一间面包店不能等到面粉成本已经翻倍以后才涨价。在通货膨胀高企的环境中，阶梯式小幅涨价优于一次性大幅调价。如果过去年度价格调整是常态，那么现在需要按季度、按月甚至更频繁地不定期提高价格。

加强定价权

定价权指一家企业具备实施能够协助其达到利润目标的定价方针的能力。通货膨胀的本质就是价格上涨。缺乏竞争力的企业无法涨价，或者涨价的幅度不足以保持正向现金流。定价权在市场平稳时期决定企业的盈利情况，在通货膨胀这样的特殊环境下可定企业生死。

遗憾的是定价权不会在短时间内突飞猛涨。尽管如此，企业经营者仍应尝试采取一些短期内能够见效的措施来提高其定价权。在这里客户价值感知起着关键作用，因为它决定了客户的支付意愿。价格是价值映在客户心里的影子。如果可以提高客户的价值感知，那么我们在涨价时就可以多几分成功的把握。

创新是提升客户价值感知最重要的手段之一，但在短期内却不是最有效的方式。提升客户价值感知是否成功的关键最后落在“感知”两个字上。因此，企业在通货膨胀期间应该将提升客户价值感知的重点放在价值传播上。

价值传播应强调客户在通货膨胀时期更加看重的“硬货”，比如更高的经济效益、更低的能耗和更长的使用寿命等。如果我们能够改变客户对一件事的底层认知，那就可以取得意想不到的效果，大幅提高客户的购买意愿和支付意愿。

例如，近几年来我们可以很明显地观察到热泵作为家用石油或天然气加热器的替代品受到越来越多德国家庭的青睐。热泵（含空气泵和地热泵等分类）结合太阳能发电设备的使用可以最大限度地提高能源自给率，更加环保，在通货膨胀中受原油和天然气等燃料价格上涨的影响也更小。热泵和太阳能发电设备商显然已经意识到自己在一般消费者心目中的心智优势并加以利用，自 2021 年初以来已经多次涨价仍然供不应求，妥妥地跑赢通货膨胀。

理解数字化

数字化和互联网的普及使得价格透明度急剧增加。如今，一般民众都可以轻易地在手机上即时查看对比产品价格和其他相关信息。因此不仅仅产品价格变得透明，产品价值的透明度也在增加。通货膨胀引起的价格上涨在信息透明度提高的情况下具有更强的负面影响，比以往更难以实施。

正面或负面的产品评价导致需求和价格弹性的不对称反应。获得好评的优势产品在价格上涨时的价格弹性降低了，价格"垄断区域"扩张，获得更大的提价空间；获得差评的劣势产品则很难生存下去，不仅"垄断区域"被压缩，涨价会导致销售大幅滑坡，并且降价也无法起到刺激需求的作用，价格丧失竞争武器的作用。

极低的边际成本使得数字产品对通货膨胀相对不敏感，数字产品企业与高边际成本的传统企业相比短期内的通胀压力较小。然而，固定成本的上升增加了销售压力。在通货膨胀期间，客户的预算吃紧，想要大幅提升销量是一件非常美好但是不太不现实的事。

调整定价模式

一家大型化工公司的首席销售官告诉我们:“现在通货膨胀率如此之高，是时候改变我们的定价模式了。如果我们现在不做，以后就再也没有机会了。”

定价在对抗通货膨胀方面扮演核心角色。不管是在工业品市场还是消费品市场，价格上涨的阻力是巨大的。与此同时，能否涨价成功对很多企业来说是关乎生死的大问题。因此，企业经营者必须尝试定价调整的各种可能性，充分挖掘定价潜力，以实现更高的交易价格。从具体的措施来看，调整定价战术不仅限于调整价格水平，还应该包括价格差异化、更便宜的替代品、利用客户心理账户、巧妙利用折扣等。

对于长期业务合同来说，使用价格调整条款至关重要。基于区块链技术的“智能合约”进一步优化了价格调整条款的应用，它会追踪关键指标的变化并在符合条件的情况下自动触发价格调整而无需人为干预。

创新的定价模型，如动态定价、多维定价、捆绑与逆向捆绑等应用前景广阔。与传统定价模型相比，创新的定价模型可以更好地将客户的支付意愿与价值感知相关联，遇到的客户阻力较小。

同时，它们还会带来一些积极的副作用，比如提高客户忠诚度、提升交叉销售或向上销售的可能性等。但需要指出的是，越复杂的定价模型对信息和分析能力的要求也就越高。对客户信息掌握不全或者误读都有可能带来严重的销售和利润损失。

赋能销售团队

价格调整措施最终需要销售团队来实施。因此，销售在应对通胀挑战方面发挥着核心作用。在通货膨胀时期，企业管理层应该加强对价格和销售的管理，为一线的销售提供必要的信息支持和价格指引。然而，管理层更多地介入并不等同于剥夺一线销售人员与客户直接开展价格谈判的权力。恰恰相反，一线销售人员在通货膨胀期间需要有一定的价格决策权和灵活度来处频繁的价格谈判，避免将宝贵的时间浪费在烦琐的汇报审批流程上。

涨价的目标是提高净净价，即最终入账的实际成交价格。因此在涨价的同时，我们需要分析从目录价格到净净价之间各个环节，堵住吞噬利润的漏洞。企业经营者应该根据通货膨胀下的新情况对销售目标和激励措施进行调整，强化销售对价格质量和现金流的关注。通货膨胀对于大多数销售人员都是一个陌生的环境。企业管理层需要提供必要的培训，帮助员工适应新挑战，拥抱变化。

强化财务管理

通货膨胀使得企业钱景黯淡。通货膨胀会加大新项目通过审批的难度。投资人机会成本上升，他们在挑选投资项目时会挑剔，对投资项目要求更高的风险溢价。同时，“便宜”的外部债权融资机会减少，新项目中“更贵”的权益资本比例将上升。这些因素都会推高融资成本，使得在通货膨胀条件下产生经济利润变得更加困难。在通货膨胀中，具备竞争优势和定价权的项目将成为投资人的“香饽饽”。

在高通胀和高利率时期，企业经营者必须想尽一切办法尽可能缩短回款周期。对于销售端来说，这意味着重新引入对客户的激励措施，如现金折扣（Skonto）。加快回款速度只是应对通胀的开始。企业在货币不断贬值的情况下，应该考虑进行投资理财。另外一种更稳健的做法是提高抗通胀原材料的库存水平。

预防通货膨胀成本增加的一项预防措施是使用期货合约，以锁定未来某个特定时期内的原材料价格。但期货属于高杠杆金融产品，当标的价格发生巨大波动，造成头寸不足，会有被强行平仓的风险。我们建议企业谨慎使用风险对冲。

优化成本管理

光依靠定价措施很难完全消除通货膨胀带来的利润压力。为了捍卫利润，我们在成本端也需要采取措施，主要会影响到员工和供应商两个群体。裁员虽然看上去是一个快速有效的降本措施，但是不应低估那些可能对未来产生重大影响的隐性成本。当通货膨胀遭遇供应短缺的时候，买卖双方的权力地位可能会发生变化，限制了企业相对供应商的议价权。

降本增效虽然看上去很美，但在通货膨胀的情况下实施会遇到重重障碍，不见得比价格调整更容易。在通货膨胀高企的时期我们建议企业经营者调整他们的优先级，首先关注价格，其次是销量，再次才是成本。

经营杠杆是一把双刃剑。在通货膨胀这样的特殊情况下，固定成本偏高的企业受经营杠杆影响更容易陷入经营困难。当发生通货膨胀时可变成本将先于固定成本受到影响，出现显著上升，而盈亏平衡点会以更大的幅度上升，这会给企业在短期内造成巨大的冲击。企业经营者在发现通货膨胀苗头的时候必须迅速采取行动控制可变成本，以减轻预料之中的销售压力。

参考资料

1. 赫尔曼 · 西蒙，杨一安 . 定价制胜 [M]．北京：机械工业出版社，2022.

2. Thomas Mayer.Das Inflationsgespenst–Eine Weltgeschichte von Geld und Wert[M].Frankfurt: Campus 2022.

3. https://www.focus.de/finanzen/banken/gold-teil-2-stabiler-wert-ueber-jahrzehnte_id_3663290.html(accessed April 10,2022).

4. Nathan Lewis.Gold the Once and Future Money[M].Hoboken:Wiley 2007.

5. Agustin Carstens.The Return of Inflation.Vortrag 5.April 2022． https://www.bis.org/speeches/sp220405.htm(accessed April 6,2022).

6. Christian Nolting.Inflation–The Rhino in the Room[J].CIO Insights, Frankfurt:Deutsche Bank, March 2022.

7. Hans-Werner Sinn,Die wundersame Geldvermehrung–Staatsverschuldung,Negativzinsen,Inflation, Freiburg:Herder 2021 und Thomas Mayer,Das Inflationsgespenst–Eine Weltgeschichte von Geld und Wert,Frankfurt:Campus 2022.

8. Christian Siedenbiedel,Die Inflation ist da–und wird auch bleiben,interview with Hans-Werner Sinn und Lars Feld,Frankfurter Allgemeine Zeitung,April 8,2022,P29.

9. Christian Siedenbiedel,Auch Brot und Butter werden teurer,Frankfurter Allgemeine Zeitung, April 14,2022,P20.

10. IG Metall fordert Lohnplus von mehr als 8 Prozent,Frankfurter

Allgemeine Zeitung,April 28, 2022,P16.

11. Price information per June 1,2022,Stadtwerke Bonn.

12. Destatis/Jessica von Blazekovic,Warum Lebensmittel teurer werden, Frankfurter Allgemeine Zeitung,April 10,2022,P17.

13. Stefanie Diemand,Gibt es bald keine billigen Lebensmittel mehr ? Frankfurter Allgemeine Zeitung,April 2,2022,P20.

14. https://www.t-online.de/auto/recht-und-verkehr/id_91950408/tesla-model-3-wird-ueber-nacht-deutlich-teurer-e-auto-foerderung-sinkt.html(accessed April 5,2022).

15. https://efahrer.chip.de/news/billigstromer-auf-abstellgleis-nachfolger-des-elektro-dacias-schon-in-der-mache_107234(accessed April 9,2022).

16. Simon-Kucher &Partners,Inflation Campaign Survey Results,Frankfurt 2022.

17. Ram Charan, Leading through Inflation–A Playbook,2022,https://tinyurl.com/mspp2sfy.

18. Willi Koll,Inflation und Rentabilität,Wiesbaden:Gabler 1979.

19. Christoph Hein,Eine Insel im Abwärtsstrudel,Frankfurter Allgemeine Zeitung,April 8,2022, P16.

20. Frankfurter Allgemeine Zeitung,April 18,2022.

21. https://www.destatis.de/DE/Themen/Wirtschaft/Preise/Verbraucherpreisindex/_inhalt.html.

22. https://finance.eastmoney.com/a2/202004251466981140.html.

23. Hermann Simon,True Profit!New York:Springer Nature 2021.

24. Decade-High Mortgage Rates Pose Threat to Spring Housing Market, Wall Street Journal,April 16,2022.

25. Statista Global Consumer Survey.

26. https://www.ig.com/de/kryptowaehrungshandel/kryptowaehrungen-im-vergleich#:~:text=Umlaufmenge%20und%20Obergrenze,100%20Milliarden%20erweitert%20haben.

27. 赫尔曼·西蒙，杨一安．《定价制胜》[M]．北京：机械工业出版社，2022.

28. https://apa.at/news/inflation-bringt-budget-milliarden-an-mehreinnahmen-3/(accessed April 20,2022).

29. Georg von Wallwitz,Die große Inflation–Als Deutschland wirklich pleite war,Berlin: Berenberg，2021.

30. https://www.ifo.de/en/lecture/2020/christmas-lecture/Covid-19-%20and-Multiplication-of-Money.

31. Ram Charan,Leading through Inflation:A Playbook,Chiefexecutive.net,March 18,2022.

32. Christian Müßgens,Preishammer im Reifenhandel,Frankfurter Allgemeine Zeitung,April 27, 2022,P18.

33. Peter F.Drucker,The Essential Drucker,New York:Harper Business 2001,P38.

34. Elsewhere Drucker interprets profit as the cost of future risks by asking: "What is the minimum profitability needed to cover the future risks of the business?"Peter F.Drucker,The Delusion of Profit,Wall Street Journal,February 5,1975,P10.

35. https://www.deutschlandinzahlen.de/tab/deutschland/branchen-unternehmen/unternehmen/erfolgskennziffern-deutscher-unternehmen.

36. Hermann Simon,Confessions of the Pricing Man,New York:Springer 2015.Based on the data for eight years.

37. Willi Koll,Inflation und Rentabilität,Wiesbaden:Gabler 1976,P448.

38. Nicht nur jammern.Frankfurter Allgemeine Zeitung,April 6,2022,P22.

39. Susanne Wied-Nebbeling,Das Preisverhalten in der Industrie,Ergebnisse einer erneuten Befragung,Tübingen:Mohr 1985.

40. Simon-Kucher & Partners,Global Pricing Study 2011,Bonn 2011 .

41. The condition for a profit-maximizing price is:profit-maximizing price=(price elasticity x marginal costs)/(1+price elasticity).It is also referred to as the Amoroso-Robinson relation.

42. Hermann Simon and Martin Fassnacht,Price Management,New York:Springer 2019.

43. Preiserhöhung passé,General-Anzeiger Bonn,June 12,2008,P20.

44. Nicht nur jammern,Frankfurter Allgemeine Zeitung,April 6,2022,P22.

45. Simon-Kucher Global Pricing Studies 2011 und 2021,Bonn.

46. Simon-Kucher Global Pricing Studies 2011,2012,2017,2021.

47. https://www.marketingweek.com/kimberly-clark-increase-marketing-price/(accessed April 29, 2022).

48. Hermann Simon,Beat the Crisis–33 Quick Solution for Your Company,New York:Springer 2010.

49. See also Hermann Simon and Martin Fassnacht,Price Management,New York:Springer 2019.

50. To represent the floating form of the Gutenberg function, one usually uses a sine hyperbolic function.

51. http://www.stcn.com/article/detail/706672.html.

52. Assa Abloy Earnings Conference,Quarter II,2011.

53. Half Year Earnings Call Michelin,July 29,2021.

54. Hyundai Seeks Solution on the High End,The Wall Street Journal Europe,February 19,2013,P24.

55. Pricing Power is highly prized on Wall Street,The Economist,November 6,2021.

56. From the transcript of hearings of Warren Buffett before the Financial Crisis Inquiry Commission (FCIC) on May 26,2010.

57. Peter Thiel,Zero to One.Notes on Startups or How to Build the Future,New York:Crown Publishing Group 2014.

58. Karen Langley,Quest for Pricing Power Drives Stock Gains,Wall Street Journal,April 17,2022.

59. Chris R.Burggraeve,Marketing is not a Black Hole,New York:Vicomte 2021,P20.

60. Pricing Power is highly prized on Wall Street,The Economist,November 6,2021.

61. Karen Langley,Quest for Pricing Power Drives Stock Gains,Wall Street Journal,April 17,2022.

62. https://www.ubs.com/content/dam/WealthManagementAmericas/documents/US-Equities-pricing-power-standouts.pdf.

63. Simon-Kucher Global Pricing Study 2011,Bonn 2011.

64. Pan Yang,Thomas S.Gruca and Lopo Rego,Measures,Trends and Influences on Firm Value, Cambridge (Mass.):Marketing Science Institute Working Paper Series,Report No.19-112,and Kai Bandilla,How Much Pricing Power Do You Have?Paris:Simon-Kucher & Partners,April 2022.

65. Außer bei einer Preisabsatzfunktion vom Cobb-Douglas Typ,die aber wenig realitätsnah ist.

66. Hermann Simon,Rational verhandeln ist besser als Grabenkampf,Lebens mittelzeitung,17/2018.

67. https://netzfrauen.org/2022/09/01/edeka-3/.

68. Streit mit Edeka belastet Eckes,Frankfurter Allgemeine Zeitung,April 7,2022,P25.

69. Annette Ehrhardt,David Vidal and Anne-Kathrin Uhl,Global Pricing Study,Bonn:Simon-Kucher & Partners,2012.

70. https://de.statista.com/themen/669/produktvergleich/#dossierKeyfigures (accessed April 20, 2022).

71. GfK,Handys sind wichtige Einkaufsbegleiter:GfK-Studie zur Nutzung von Mobiltelefonen im Geschäft,Nuremberg 2015.

72. Eine Ethik für das Digitale Zeitalter,Handelsblatt,May 28,2015,P12-P13.

73. Rick Levine,Christopher Locke,Doc Searls,and David Weinberger,The Cluetrain Manifesto,New York:Perseus Books 2000.

74. Hans Domizlaff,Die Gewinnung des öffentlichen Vertrauens: Ein Lehrbuch der Markentechnik, Hamburg: Marketing Journal 1982.

75. Hans Domizlaff,Die Gewinnung des öffentlichen Vertrauens: Ein Lehrbuch der Markentechnik, Hamburg: Marketing Journal 1982.

76. http://www.stcn.com/article/detail/716537.html.

77. Jeremy Rifkin,The Zero Marginal Cost Society:The Internet of Things,the Collaborative Commons,and the Eclipse of Capitalism,London:Palgrave Macmillan 2015.

78. Ryan Felton,Rivian Warns Dispute with Seat Supplier Threatens Production of Amazon Delivery Vans,Wall Street Journal,May 16,2022.

79. Hermann Simon,Confessions of the Pricing Man,New York:Springer 2015;Hermann Simon and Martin Fassnacht,Price Management,New York:Springer 2019.

80. Vgl.Richard H.Thaler,Mental Accounting Matters,Journal of Behavioral Decision Making,1999, No.3,ü.119,und Richard H.Thaler,Quasi-Rational

Economics, New York:Russell Sage 1994,sowie Richard H.Thaler und Cass R.Sunstein,Nudge:Improving Decisions about Health,Wealth and Happiness,London:Penguin 2009.

81. Alexander Wulfers,Wie die Deutschen auf steigende Preise reagieren,Frankfurter Allgemeine Sonntagszeitung,April 17,2022.

82. Karen Langley,Quest for Pricing Power Drives Stock Gains,Wall Street Journal,April 17,2022.

83. https://www.vzhh.de/mogelpackungsliste (aufgerufen am 18.April 2022).

84. 赫尔曼·西蒙，杨一安.《定价制胜》[M]. 北京：机械工业出版社，2022.

85. Immer weniger Rabatt auf Neuwagen,General-Anzeiger Bonn,May 2,2022,P5.

86. Hermann Simon and Martin Fassnacht,Price Management,New York:Springer 2019.

87. Pricing Power is highly prized on Wall Street,The Economist,November 6,2021.

88. https://www.bahndampf.de/deutsche-bahn/bahncard#BahnCard_Preiserhoehung_2022.

89. Yorck Nelius,Organisation des Preismanagements von Konsumgüterherstellern-Eine empirische Untersuchung,Frankfurt am Main:Peter Lang 2011.

90. Ram Charan,Leading through Inflation:A Playbook,Chiefexecutive.net,March 18,2022.

91. https://new.qq.com/omn/20201121/20201121A03HMM00.html.

92. https://lhhfesco.com/our-insights-46.

93. Simon-Kucher Global Pricing Studies,2012,2017,2021.

94. Decade-High Mortgage Rates pose Threat to Spring Housing Market,Wall

Street Journal,April 16,2022.

95. Christian Müßgens,Preishammer im Reifenhandel,Frankfurter Allgemeine Zeitung,April 27,2022,P18.

96. Rohstoffpreise sichern VW-Gewinn, Frankfurter Allgemeine Zeitung,April 16,22,P25.

97. Adam Echter,Leading through Inflation,presentation,Chief Executive Network,March 24,2022.

98. https://finance.sina.com.cn/tech/internet/2022-11-09/doc-imqmmthc3952008.shtml; https://www.theinformation.com/articles/10-000-google-employees-could-be-rated-as-low-performers.

99. Pressenhersteller Schuler streicht 500 Stellen,Frankfurter Allgemeine Zeitung,July 30,2019,P19.